八字洩天機

（上）

司螢居士◎著

高寶書版集團

高寶書版集團
gobooks.com.tw

新視野 New Window 261

八字洩天機（上）

作　　者	司螢居士
責任編輯	葉昌明、高如玫
封面設計	林政嘉
內頁排版	賴姵均
企　　劃	鍾惠鈞
發 行 人	朱凱蕾
出　　版	英屬維京群島商高寶國際有限公司台灣分公司 Global Group Holdings, Ltd.
地　　址	台北市內湖區洲子街 88 號 3 樓
網　　址	gobooks.com.tw
電　　話	(02) 27992788
電　　郵	readers@gobooks.com.tw（讀者服務部）
傳　　真	出版部 (02) 27990909　行銷部 (02) 27993088
郵政劃撥	19394552
戶　　名	英屬維京群島商高寶國際有限公司台灣分公司
發　　行	英屬維京群島商高寶國際有限公司台灣分公司
初版日期	2009 年 04 月
二版日期	2023 年 05 月

國家圖書館出版品預行編目（CIP）資料

八字洩天機（上）/ 司螢居士著 . -- 二版 . -- 臺北市：英屬維京群島商高寶國際有限公司臺灣分公司，2023.03
面；　公分 . -- (新視野 261)

ISBN 978-986-506-668-0（上冊：平裝）. --
ISBN 978-986-506-669-7（中冊：平裝）. --
ISBN 978-986-506-670-3（下冊：平裝）. --
ISBN 978-986-506-671-0（全套：平裝）

1.CST: 命書　2.CST: 生辰八字

293.12　　112002225

・目　錄・

序　言　10

官符之實例　12

例一　凶殺牢獄之災　13
凶殺牢獄之災作業詳解　20
例二　傷官見官牢獄之災　26
傷官見官牢獄之災作業詳解　29
例三　食神見官牢獄之災　33
食神見官牢獄之災作業詳解　36
例四　財星見官牢獄之災（被告）　39
財星見官牢獄之災（被告）作業詳解　44
例五　財星見官訴訟之災（原告）　46
財星見官訴訟之災（原告）作業詳解　49

·目　錄·

例六　票據法訴訟之災（被告）　53
票據法訴訟之災（被告）作業詳解　57
例七　夫妻失和訴訟之災　59
夫妻失和訴訟之災作業詳解　65
例八　法院查封及作證之災　68
法院查封及作證之災作業詳解　73
貴人之實例　76
例一　親戚相助　78
例二　上當倒楣　81
疾病之實例　85
例一　頭部、腦神經之患一　88

·目　錄·

例二　頭部、腦神經之患二　95
例三　民國四十九年七月八日亥時　99
例四　頭部、腦神經之患四　101
例五　頭部、腦神經之患五　106
例六　心臟病、十二指腸之患一　109
例七　心臟病、十二指腸之患二　113
例八　眼睛之患一　116
例九　眼睛之患二　118
例十　眼睛之患三　122
例一一　肝臟之患一　125
例一二　肝臟之患二　128
例一三　肝臟之患三　131
例一四　肺部、呼吸器官之患一　135

・目　錄・

例一五　肺部、呼吸器官之患二　138
例一六　肺部、呼吸器官之患三　141
例一七　脾臟之患　144
例一八　胃腸之患一　147
例一九　胃腸之患二　151
例二〇　腎臟、泌尿系統之患一　153
例二一　腎臟、泌尿系統之患二　156
例二二　腎臟、泌尿系統之患三　159
例二三　婦女病之患一　161
例二四　婦女病之患二　164
例二五　膽患　168
例二六　生育、難產一　172
例二七　生育、難產二　175

·目　錄·

例二八　生育、難產三　178
例二九　生育、難產四　181

桃花色慾之實例　185

例一　之子有疾　188
例二　遍野桃花　195
例三　偷香竊玉　199
例四　齊人多福　203
例五　倚身章臺　206

命宅合參之實例　209

命與陽宅部份　219
例一　坐骨神經、骨刺之患一　219

·目　錄·

例二　坐骨神經、骨刺之患二 221
例三　坐骨神經與腰部之患 225
例四　腎臟、尿毒之患 228
例五　胃患——上吐下瀉 230
例六　胃出血之患 233
例七　頭痛之患 235
例八　風濕症、關節炎之患 237
例九　曼谷A型感冒 240
例十　肺癌 244
例一一　婦女病之一——經期不完全 248
例一二　婦女病之一——子宮不孕 251
例一三　婦女病之一——卵巢異變 255
例一四　車禍傷手足 257

・目　錄・

例一五　宅吉命凶禍患來之一 260
例一六　宅吉命凶禍患來之二 263
例一七　後論——安床、住宅座向 265
命與陰宅部份 268
例一　山龍格局 268
例二　水龍格局 270
例三　煞氣祖墳蔭生問題八字 273
《附錄》論流年秘訣 281

序言

好奇者，人皆有之，深入研究者，未必皆是，誠興趣不同，人各有志。而研究者，欲有所成，必須有引，欲其宏揚光大，必須眾志成城，摒棄私見，與天地同心；自辛酉仲春，高寶書版集團提出「為失落的中華特有文化與智慧，盡心盡力。」又適值此地運轉換，五術將興之際，愚盛逢其會，特將幾年來，命相及陰陽風水之實例心得，撰寫成書，以共襄盛舉。

本書內容分六大項論述：官府、貴人、疾病、桃花色慾、命宅合參、天機預言等。下冊另書論述：錢財、官祿、意外之災、意見之爭打架、婚姻、情緣、子息、個性心術、讀書智慧、事業、擇日、疑難八字、刑剋（由自己看夫妻、父母、子女）、命理基本觀念等等，分門別類，深入探討，重點研究，以期洩漏天機，與讀者共享中華絕學之深奧，同沾古聖今賢歷來研究之成果，掃除迷信，以合乎科學之統計原理，摒棄含糊不清之神煞，取事實、年月日舉證，一切合乎自然原則，引導讀者踏進正確之道路，深入命理之高階層領域，以期借重讀者之智慧，精研探討，將五術發揚光大，是所至盼。

本書之著作，得力於地理恩師 法馨居士洪老師之引導，尤其命宅合參，獲益殊多，謹此將本書之研究成果，獻上十二萬分之敬意；亦感謝所有著作五術書籍之前輩，拋棄私心，公開秘訣之指導，銘感肺腑，尤其滴天髓徵義及吳俊民、陳品宏、李居璋……等先生之大作。

當然玄學、五術博大精深，欲待研究發掘學習者仍多，況且天上有天，人上有人，高人輩出，隱姓埋名者亦復不少，愚螢蟲之微光，豈敢奢言著作，只將絲毫心得，筆之於書，拋磚引玉罷了，尚祈諸前輩、高士不吝指教。

司螢居士　謹識

官符之實例

所謂「官符」者，簡言之即：「與政府官員打交道。」又可細分為：大官符及小官符。大官符指：刑獄、訴訟等。小官符指：交通警察開罰單、與政府機構交往辦事……等。此種官符霉事在八字命理上可探討出來，一般之與政府機構交往辦事亦有顯現，只是事情並非重大，到底是屬於何種政府機關，卻難分辨，但因有時間之求證，事情來臨前約一星期左右，即可明瞭。此類小事本篇恕不舉例。

過去六十九年以前，當余尚未發掘官符的秘訣時，論斷官符全憑神煞，尤其以十二歲君中的「死符星」最常應用，配合流年之凶年，斷起來還有些許驗證，但卻受制於：一、官符發生之來龍去脈。二、時間之開始及終止等等。一般論官符尚有：傷官見官、亡神、官符星、闌干星……等。皆可由命理書籍查得。

本篇所記載實例，均一一經過驗證，絕無虛構，而且出生年月皆擇取近代人物，經對時校正，時辰正確，資料收集花費不少苦心，盼能對您有所助益；其他尚有許多實例，限於篇幅，謹擇取較具代表性者為之。當然八字命理須要突破者仍多，拋磚引玉，略盡棉薄之力而已。

例一　凶殺牢獄之災

乾造　民國五十一年八月十六日午時

正印	壬寅	劫財
偏財	己酉	偏官
日元	乙卯	比肩
正印	壬午	食神

十	庚	戌	十五
二十	辛	亥	二十五
三十	壬	子	三十五
四十	癸	丑	四十五
五十	甲	寅	五十五
六十	乙	卯	六十五
七十	丙	辰	七十五

生於白露後六日

大運於八年八個月二十日後上運。

每迎丙、辛年立夏後二十六日交換。

◎論命時間：民國七十年辛丑月壬寅日。

◎論命經過：

該日，我正值夜班，上午蔡太太在電話中，報了本生辰八字，我說：「有否特別要問什麼事？」回曰：「不知道，只說很緊急，麻煩你算一下。」（蔡太太為人和靄可親，曾批算了全家的八字及相宅，相準了也介紹不少人。）我說：「沒有關係，我排算後就知道。」反正這種考試的場面見多了，經得起考驗才有進步，並示其下午來取。

我仔細的排定八字及大運，再重新核對一下沒錯，心中已恍然大悟，原來就是這件事，所以說很緊急，難怪！下午一點左右，命造的姊姊雙人結伴而來。

「請問這是妳的什麼人？」我指著命單問道。

「這是我弟弟。」大姊回答。

「他本人在今年（辛酉年）的秋天，八月間為了知己朋友的事，與人發生口角、衝突，但非為了錢財事件，而係意氣用事，爭鬥，而且因此犯了官符，在九月中有刑獄之災。」我指著八字直說，並抬頭看著陳小姐，發覺兩位小姐，一臉難以相信的表情看著我，似乎在告訴我，莫非有人告訴你，否則怎麼好像親眼瞧見似的。

我問：「是否有這件事情發生？」

陳小姐答曰：「是的。」

接著陳小姐敘述了這段前因後果，原來事發當天，在丁酉月丙申日，大夥兒兄弟為了慶祝陳先生之生日，齊聚永康鄉龍門土雞莊慶賀，宴畢正要離去，由於停車問題與人發生口角，大打出手，結果對方被殺死兩人，但非其弟殺死，其弟被推倒在地，眼看就要被殺，朋友見義施救，一刀刺入對方側腰腎臟，其弟由於義氣所繫，而且事因他而起（慶祝他的生日及朋友為了救他而殺人），一口承認下來。我說：「這點由他的八字也可看出來，是被殺不是殺人。」其後戊戌月丁卯日，由其姊姊帶去自首，盼能減刑，被拘入看守所。至今天上午（辛丑月壬寅日）審判，被判處十年。判官推事示曰：若早幾天就不會被判那麼嚴重（剛滿二十歲）。

「我曾去小城隍廟抽隻籤，也說犯官符。」陳小姐說道。（小城隍廟相當靈驗，位於台南市開山路，酬神的歌仔戲、布袋戲不曾中斷過。）續道：「現在那位殺人的朋友仍然在逃。」

「那位朋友在明年二月（壬戌年癸卯月）就會見到面，此事在明年閏四月（丙午月）會有定論，最好繼續上訴，而且依八字來看，不會判那麼久。」我說。

後來，那位朋友果然在丙午月被判處十一年徒刑。此事件曾在報上登載過。分別在七十一年二月二日及七十一年六月十一日（均國曆）的中華日報刊載，茲節錄於後以資佐證。

日期：民國七十一年二月二日 中華日報

標題：龍門土雞莊命案。三被告各判重刑。洪×著傷害部份公訴不受理。陳×志搶奪被處徒刑十二年。

「南市訊」去年九月間發生於台南縣永康鄉龍門土雞莊的兇殺命案，台南地方法院一日審結宣判，鄭×清判處有期徒刑十五年，陳×光十年，張×棠七年六月，洪×著公訴不受理。

判決書指出，鄭×清（二十八歲，住台南市）於民國七十年九月十五日深夜十一時五十分許，駕計程車搭載陳×光（二十歲，台南市人），陳×發、陳×渺及少年張×棠等人，由台南市到台南縣永康鄉龍門土雞莊欲飲宴。當時黃×成、陳×德、洪×著等人在龍門土雞莊飲酒作樂後正要離開，三人認鄭×清停車不當，妨害他們的交通，乃加以干涉，雙方發生口角，接著大打出手。鄭×清等人分持扁鑽、酒瓶，將黃×成、陳×德二人殺死，洪×著等在混戰中也被殺傷，案由新化警分局移送偵辦。

檢察官認為洪×著毆打鄭×清成傷，因而依傷害罪將洪×著提起公訴。由於審理中雙方和解，法官乃諭知洪×著傷害部份公訴不受理。

日期：民國七十一年六月十一日 中華日報。

標題：永康土雞城命案。陳×發判十一年。

「南市訊」只為了停車細故，八、九名青少年大打出手，造成二死二傷的永康龍門土雞城血案，其中一名共犯陳×發，十日被台南地院依殺人罪科處十一年徒刑。（以後所載事實同前面大同小異，茲不再節錄。）

◎簡論命造

日元乙木，生仲秋七煞秉令，財透生煞；日元得双壬引化煞威，又得比、劫支援食神制煞，雖稍不得位，終能相得益彰。雖逢助煞之歲、運，反賓奪主，惡徒欺入，寅卯為媒，一片鬥殺聲中，為求自保，食神抬頭，衝出戰圈，但廝殺禍端己生；為求脫罪生存，不惜拋棄自尊，求救双壬保護，此身在逃，以得知暫自由；惜己財從中作梗，致双壬心意不定，深恐受累，反覆可知；催至助財傷印之期，保障頓失，孤立無援，意志消沉，被迫走頭無路，只得出面自首投案，身入囚獄，卻非出於心甘情願。次年双壬得一壬之助，同心協力，欲挽狂瀾，移星換月，奔走設法，以盡情份；惜路程尚遙，迷途思返，仍須老豬帶路。

作業題

一、本命造從何處論點直斷：民國七十年丁酉月發生打鬥事件且係意用事，並非涉及錢財問題？又為何會在丙申日發生？何以係知己朋友所引起？

二、從何處看出丁酉月之事件犯官符，且此身在逃，在戊戌月丁卯日才開始牢獄之災？並非他動手殺人從何得知？

三、為何那位殺人的朋友（陳×發）會在七十一年癸卯月才出現？又此事為何在七十一年丙午月會有定論？

四、法官判他十年徒刑，你從命理上判他當於何年何月才能出獄？又當初入獄，係自首非被逮捕，從何得知？

五、你看本命造個性如何？是否窮兇惡極之輩？或僅是搖旗吶喊之人？有何根據？試一一指出。

六、本命造論斷仍有缺點，極限無法突破，請指出。（以辛酉年丁酉月事件為據。）

凶殺牢獄之災作業詳解——（請參閱附錄——論流年秘訣）

一、答：打鬥實例將另書解說，本文簡單說明，本例若地支沒有午火回剋，在丁酉月就不會打架出事，轉為受累犯官符，亦即打架的條件之一，須要回剋保護喜用。

由於受命中寅、卯親戚朋友，手足之影響，關係密切，故可知係知己朋友，若命中沒有寅、卯，則外來寅、卯，就代表陌生剛認識不久之朋友。

丁酉月引入辛酉之酉氣，此為偏官，與命中之酉金連成一氣，先於庚申年甲申月傷寅及卯，再於辛酉年丁酉月再傷寅、卯，將卯完全去之，由於年、月為偏官，即要與政府武官打交道，官符已現，年、月沒有財星臨，命中地支亦同，故知並非涉及錢財問題。

余曾斷其辛酉年辛丑月，想以錢財設法，丑土合酉且土生金，乃偏財又藏地支，暗中設法，無法遁形，盡皆如余所言。

又丁酉月，此酉金於丙申月之乙酉日即已催促，但進行時間，係丁酉月丁酉日至己酉日，丁火則在丙申月丁亥日至酉日進行，此係基本原則，丁火為上半月，酉金為下半月，以日帶動月令行事，但依各人命造不同，會有一、兩日差異，譬如：丁酉月之丁火，在丁亥日開始，但前面有丙戌日，有些會從丙戌日即開始，即因丙丁同為火之故；若為乙月亦同，有些會從甲日起；若甲月則從甲日起，丙月則從丙日起。地支亦同，如巳月從巳日起，午月則未必從午日起，有些會提前在巳日，而且也依前後月令之不同，不一定完全依照基本原則，分上半月及下半月。

必須注意一點的是：丁酉月並非白露至寒露，論流月當曰國曆，一般來說是錯不了的，因為丁酉月的丁火，並非在白露以後才開始，於白露前的丁日或丙日就開始，有些提早在節氣前三、五、七日不等，亦即在國曆月初，甚至再提前的月底進行。

此為天干，若地支在國曆的月中前後，亦係必須先了解之原則；再觀前、後流月配合，知事情進行之演變，若硬性劃分上半月及下半月，則有些問題會百思莫解，而本例提前於丙申日，即前述之情形，亦即最遲在丁酉日就會犯官符出事，而且干支皆有刺激之因素，天干丙火為傷官，代表親身而為，地支申金沖寅傷卯，朋友惹禍，帶動午火回剋、打架，此乃受累身不由己，情義所繫。

二、答：丁酉月自丙申、丁酉日後，命局寅、卯已盡傷，而由前言可知，酉年自酉月起，走至次年卯月或午月剋去酉金方止；在丁酉月命局只剩下双壬護身，若無双壬則事發當時即已被捕，此双壬為卯，謂之長輩，在命主而言係兩位大姊，可是命中有己土傷壬水，從中作梗，故余曰双壬心意不定，深恐受累，反覆可知。流年天干為辛金，煞印相生，行至戊戌月時，双壬遭戊、己剋去，辛金加上大運之辛金，直接剋入乙木，在戊戌月孤單無助，精神頹喪可知，但因天干無食、傷用事，故身入囚獄並非心甘情願，完全系受到双壬大姊影響；此身在逃至自首，其因亦係双壬護身之故。

其次為何在丁卯日，觀戊戌月戊土用事，係於丁酉月戊午日至戊戌月戊辰日，（此處為便於解說，一律用基本原則討論，實際上，有些事在戊午日以前十日的戊申日，即已開始催動，但發生事情時間，一般大都在基本原則所述的日期裡；若流年所演變的事情，即將結，到達了該月，就會成定局，其前面的一個循環，如戊申日或地支是向前移十二日或十三日，就會在此時有重大進展，促成到達本月用事時成定局，結束進行。

一般而言，延用基本原則是無誤的，只是須了解，該事件在流年中，影響的程度；亦即前後幾年及本流年所有的月份，都要細細觀察，雖然較麻煩，可是卻能掌握事件演變的來龍去脈。如同地理風水，細察巒頭格局，來龍、衛砂、水神，長及方圓幾公里以上，才結幾公尺大的穴場，更由此可知富貴大地之稀少，蔭生大富大貴的人物並不多，若非祖先三代有相當之積德行善，可謂之：門都沒有。又若未遇明師，那更免談，只有碰運氣。）由月令可知，戊土已造成侵害，但日元乙木會反剋戊土，即不甘願投案受擒，可是又孤立無援，在該月受到牢獄之災是無法避免，因乙木會反抗，故必在灰心、失去反抗之曰，受到双壬大姊影響而自首，依據算即在丙寅日，已生動搖之心，丁卯日陰陰相見，開始牢獄之災。其理簡單，該日乙木生丁火，再轉生戊、己土剋壬，即唯有在該兩日，乙木才無法反剋戊、己土，才不會再固執。

又並非他動手殺的人，則必須從個性、品性判斷，日元乙木，在仲秋出生，偏官當令，本性已呈現，有官管束，膽氣較不足，次看其餘，食神藏支，個性屬於溫和，無傷官在命局，尤其天干不見，顯二個性隨和，寅、卯為喜，交朋友重義氣，交遊廣闊；逢申、酉年損害朋友寅、卯時，就會受到連累，主要係命中反剋的力量，只有午火，大運辛金助煞生威，八字受到流年之沖激，全是挨打的份；如果命局反擊的力量大，或是大運剛好在食、傷，如酉金改為巳火，或月柱改為丙午，則又得將其看成殺手，換為殺人，不是被殺，差一字判若天淵之別。

三、答：前面已述及，酉年須在次年卯月，方暫時停止，斯時命中之寅、卯由於卯月之動動，分手的朋友或親戚平輩會再聚會，即木再復活，而丙午成定論，只是流年酉金之終。但斯時可謂之暫告一段落，故在乙巳月的乙巳、丙午、丁未日就會有進展，致在丙午月得到結論。

四、本命最主要的官符，月支酉金偏官，為主凶，加上流年酉金的引入，造成禍害，故在七十二年癸亥年——老豬，在癸亥月引入水氣，化煞生權，將因印星長上奔行相助，轉危為安，尤其接下亥運、壬子、癸等皆助本命。若以目前之辛運，本有壬水引化，在戊戌月只是短暫形成禍害，己亥月暫棄，至庚子月後，亦即己亥月之己土用事失去時，月中亥水引入後，壬水己復原，長輩已漸奔忙相助，斯時癸亥月亦必將煞印相生，偏官皆有利於我，官員皆向我示好，自由從此生。又自首之因，請觀前面「二」之答案。

五、答：請詳看「二」之答。

六、答：本例的盲點，即丁酉月事發時，無法知道係在「永康鄉土雞莊」發生，亦無法得知命之寅、卯等知己朋友，究竟姓名為何？事發後，所求救的双壬印星，究竟是哪兩位長輩親戚，亦即八字干支只是一個代號，欲指名道姓，指出地名、人名，是八字或其他以生辰為推算依據的命理學，所永遠無法解開的謎。

例二　傷官見官牢獄之災

乾造　民國五十年五月十三日寅時

食神	辛丑	比肩
正官	甲午	偏印
日元	己丑	比肩
正卯	丙寅	正官

七	癸巳	十二
十七	壬辰	二十二
二十七	辛卯	三十二
三十七	庚寅	四十二
四十七	己丑	五十二
五十七	戊子	六十二
六十七	丁亥	七十二

生於芒種後十八日十一時辰。

大運於六年三個月二十日後上運。

每逢丁、壬年寒露後九日交換。

◎論命時間：民國七十一年乙巳月某日。

◎論命經過：

某日，一位朋友攜此造，託愚批命，命主係其朋友，排好八字後，直斷其性好漁色，且係箇中高手，非等閒人物，投資於此項嗜好不可計數，將來亦復如是；果如斯言，句句正確。（請閱「桃花色慾之實例」）

接著，六十九年庚辰月與人發生口角、爭鬥、衝突，且有牢獄之災；事件起因係與上司意見之爭而起。朋友答曰：「真厲害！連這件事也看得出來啊！不過據說判刑兩年半，事件起因則不太清楚。」

「照命理上看來，應該不會那麼久才對，今年（壬戌年）的春天壬寅月就會出獄。」我胸有成竹說著。

「我打電話問問看。」朋友稱道。接著在電話中詢問本命造之兄長，果然不錯，現在已經出獄了。唯相隔太久，事件起因其兄長亦不太詳確，致失印證之機會。另有一事，七十年庚寅月身在獄中，卻生梅毒之患，應證拈花惹草好色之斷言。此病或在社會上帶入亦不可得知。

◎簡論命造

曰元己土，生炎夏。母旺子相，火、土重疊，木生火旺，一片炙熱之氣四周環繞，丑中癸水得辛金滋生，苟延殘喘，氣息不繼，調候無力，反伏禍害，漁色劣性已暗萌生，體質有異，種因在前；自食其果，唯待歲侵。命帶桃花值月提，未必好色之來源，五行失調是真跡。

本命格余稱「官印相生格」，只是一個稱號而已，並不拘泥於古書所論格局，愈簡單愈好，正如地理恩師法馨居士洪老師所述：「山有名則名之，無名則不名。」愚則假藉稱之：「命格有名則名之，無名則不名。」日元過旺，取官管束，食神洩其精英，雖失調候，仍有一貴；因權得財，富隨貴來，中運卯、寅貴氣高峰，留待印證；傷官見官，有理說不清，食、傷併齊，聲威浩大，失去理智不顧一切，不怕理、法及管束；大打出手，終因印星為媒。欲求脫卸囚果，唯候財來。

作業題

一、傷官見官就一定有禍端嗎？當以何種論點為憑？

二、打架本非好事，依八字觀點你看他像壞人嗎？平時個性為人又如何？怎見得當時係打鬥惹禍？

三、為何有些命造同樣「傷官見官」卻沒有牢獄之災，他卻這麼倒霉，究竟根據什麼研判？風水有無關係？

四、走出監獄大門，還我自由，由何種根據看出當在壬戌年壬寅月？

傷官見官牢獄之災作業詳解

一、答：傷官見官，不一定就有禍端，亦即當以喜用神為依據。以本例言，日元身旺，用神有三個字：辛金、甲、寅木，以官星的力量，因得根最大，辛金雖得根於丑，但仍屬日元之黨，若易為辛酉，力量就會加強，而排列亦不當，官印相生，卻又以辛金剋住甲木，有印引化，再有食神制之，命局就顯得不清，如同：您為己土，有人甲木想對您不利剋已，你請人丙火來調停，化干戈為玉帛，可是卻又想佔人便宜，對人甲木不利，此想乃辛金－食神我之思想言行，這樣就顯得太不夠意思，不夠誠意，況且甲木坐午火，甲己合化土必然，誠意萬分，此情如同小人之舉，亦即命格不清之所在，可作為判斷心性、潛在意識之為人參考，促成庚申年之事件，此有其平日之累積因素。

二、答：品性之看法實例，將於另書探討。此處分析本造如下：

生炎夏調候不足，水氣藏丑中癸水沖激，腎水不足，性好漁色，色中高手，（請詳桃花色慾實例）加上命中有比肩双藏結伴，成群結黨，並非獨客，尤其命中無傷官，只有溫文之食神，有官剋制，可知若作歹時，其因膽氣不足，必陪末座；或尋芳問柳時，場所固定，較少改變，常為懷中客，此即本性。而逢巳、午、未、戌月或年，更激發色慾之性，逢壬、癸、亥、子月或年，收斂、改邪歸正。又打架有單打、群架，例一曾說過，打架之因素要回剋，庚申年庚辰月引入庚金，幫助命中辛金打擊甲木，即庚金剋甲，傷官思想與命中熟識之正官即上司起衝突，即不顧命中之官——上司有助於我，供我求職賺錢養生，寧願拋棄職業換老闆，因外來事件——傷官思想不和，（若傷官臨命，且為喜用，則當為秀氣顯現，依格局高低，劃分揚名、創新、或其他。）與上司爭論，因有丙火衛護官星，反剋庚金，故知打鬥惹禍；且在天干光亮之處，故亦知係在廣庭大眾之下，明目張膽行事；若例一藏支，則暗鬥者居多，夜間打架亦常見，或在人煙稀少之處。又若命中無丙火，則無反擊之力量，當時爭論是免不了，但打不起來，卻激發離職他就之思想、行為，主要就是他不再受到甲木之管制。可是在他一生中，能脫離甲木之控制嗎？又每逢庚月的庚日，就又會來一次爭端，流年庚申，只是事件鬧大而已。例一亦同，逢甲、酉月就有小械鬥，或辰、戌、丑、未月的酉日都有小爭執，但依月令之因素或流年之介入，大運之不同，區分事件發生之原因，這些都是論斷流年、流月、流日的寶貴資料。

三、答：於前說過，打架要回剋，事件自然鬧大，他這麼倒霉，主要是傷在用神甲木，頓失憑依，雖有寅木藏支，依流年逼進之理論，君必認為當在甲申月傷寅時，才把事件引發，在丁亥月傷午爆發凶象。可是本例不同，在庚辰月已在上司甲木起衝突了，寅木卻像是另外一個人，在庚辰月已傷人犯事，飯碗都難保，豈能再待下去。若命中無丙火，則打架事發在甲申月，又若皆無丙、午則打不起來，小則含恨鬱悶在心，大則再見走路。而在甲申月沖寅，又見午火回剋，服刑鬧事，也是可預見，辛酉年也是一樣。

於本命而言，風水沒有關係，因為由八字已可看出。余亦曾在陽宅上，看出有納氣犯官符者，但並未犯官符，亦即住宅影響其生活習慣，引致失常患疾病者佔大多數，如車禍者，亦係因其零正顛倒，手足失力所造成，有其因果，因為一般住宅非富貴大地者佔絕大多數，欲改變命運者難哉！陰宅也是一樣，詳情觀「命宅合參」即可知。

四、答：還我自由，其看法牽涉到流年之演進，由庚申、辛酉、壬戌年觀之，庚甲、辛酉皆仍傷用神甲、寅，雖然大運壬水用事引化，天干五行皆足，仍無法避免災禍，主要係排列的問題，及流年為忌神入命，倒霉不順已存在；讀者若心思細密些，必會有一個想法，即：大運之字，及流年之干支，當放在八字裡面的什麼地方，流月、流日同，其實這就是最複雜之處，亦即必須每一個地方，年、月、日、時都放上去，察其五行生剋變化，先觀日元，知其引入何事，再察其餘分吉凶，以沖、剋、合者為先，綜合參看生、洩、比。

在辛酉年，知辛金歷兩次，一在辛卯月，另一在辛丑月；而壬戌年，壬水亦歷兩次，一在壬寅月，另一在子月，即在壬寅月帶引壬戌年的壬水行事，並加上大運壬水用事，時來運轉，辛金受到引化，流年已剩餘氣，斯時命中發生事故的甲木，再度復活，也就是辛丑月的辛金，對本命而言，是在壬寅月就受到引化，不必要等到丙午月，或乙巳月的乙巳、丙午、丁未日；同此，讀者對於英國與阿根廷事件，就可稍微了解，為何那時短暫結束。

例三　食神見官牢獄之災

乾造　民國四十七年十一月十七日辰時

比肩	戊戌	比肩
偏官	甲子	正財
日元	戊寅	偏官
偏印	丙辰	比肩

五	乙	丑	十
十五	丙	寅	二十
二十五	丁	卯	三十
三十五	戊	辰	四十
四十五	己	巳	五十
五十五	庚	午	六十
六十五	辛	未	七十

生於大雪後二十日四時辰。
大運於三年四個月十日後上運。
每逢丁、壬年立夏後一日交換。

◎論命時間：民國七十一年甲辰月某日。

◎論命經過：

本造命局與例二有共同類似點，相互對照，不難發現；命造當事人在六十九年庚辰月惹禍，暴行犯上。事起命主當時即將退伍，半夜時分，其輔導長呼醒輪值衛兵，不知何故（睡中矇矓），往輔導長胸部突發一拳，以下犯上，終致受軍法審判，在獄中延長服役，可謂：小不忍則亂大謀也。其實合該倒霉，此事並非殺人，個性也非惡劣兇頑之徒，平常平易近人，萬萬沒想到三更半夜出此差錯，命上看出服刑期間意志頹喪，後悔莫及。此事若換在社會上，最多走路再見，豈有牢獄之災。本造批命差點失算洩氣，只因將服役問題忽略，卻增加一個命理實例。本造同例二，齊於七十一年壬寅月出獄。

◎簡論命造

日元戊土，生於寒冬，財星暗藏，居月有力，比肩幫身分財；又得印助，長生在寅，印厚有力，氣聚其力不凡，官得財生又經印星引化，無食、傷厮混，一片氣清之象，富貴可期，又得運行不逆，暴發成富乃必然；惜老運午、未不保，終缺長青之美。然比之例二，富貴高出有天淵之別。今逢食神發威，與官相抗門庭，一時激動，公然出手，造成不可收拾，太陽失色，寒陽自照，烏雲密佈，一片冰天雪地，無處存身，生機頓失，豈止意志消沉，雖曰印星有責任，比肩亦難推卸。不經一事，不長一智，奠定他日成功之冷靜判斷，塞翁失馬，焉知非福。財富莫測高深，三緘其口，神秘兮兮，其來有因。唯振雄風，仍須財為藥引。

作業題

一、食神一般皆知「性溫祥和」，為何見官反招奇禍？與八字陽剛至極是否有關？解釋之。

二、為何牢獄之災，印星有責任，比肩亦難推卸？

食神見官牢獄之災作業詳解

一、答：由八字可看出，食、傷俱都不見，處事偏於固執，以保護自己，但此指在家而言，對外則欠缺主見，平易近人，凡事隨和，不與人爭，又比、劫為喜，交遊廣闊，重情惜義更不在話下；且有官星近制，財生官，更加強偏官之力量，心性保守，守於理法，都可看出；又丙火印星化煞生權，雖氣洩在辰，卻為命中之主力，印星為喜，沒有受到傷害，心地慈善可知，溫文有禮，官星受到引化，長官、上司與我相處融洽，皆有顯示，以上在在呈現，為人得人和，平日廣結善緣，並非成群結黨惡劣之徒。

庚申年庚辰月，食神用事，得戊土比肩之助，朋友之搧動積因，思想不和與偏官上司相抗，爭取自由，不願再受到管束；在戊寅、己卯月的庚日積因，庚辰月之庚戌日再促，庚申日發生衝突，丙火回剋，傷官庚金受到反制，道理欠缺，理失在已，丙印長上亦心向官星上司，於己思想庚金痛責，糊塗一時；若食神換為傷官，又個性再加強，恐怕不只揮一拳而已；雖事發在睡中，若無平日之心情抑制，亦不會發生。只是此類八字，因其心性不同，平日絕對令您想像不到，他會是這種人，亦即事件發生屬於偶發性；若相者欲示其趨避：只要在庚辰月的庚戌日至辛酉日避走他鄉，或在庚申、辛酉日請假，或示其長官、上司，於此兩日放假、公假外出，避不見面，就可脫離氣數之掌握。因為事件發生的對象，係直屬上司、長官，並非不認識之人。

於相者而言，無法以八字求出，這位上司姓名為何，但當事人預先能判斷得知，那位長官為人不好，令人憤恨在心，或此人若係相者之同事，近友，由相處言談，平日觀察，將來吵架之對象是誰，誰可了然於心。但千萬事先請假，莫要在庚申日才請假，恐怕反而因請假不准，大打出手。又若請假之後，在外頭碰面……，其實這是不可能，因為出事時，有戊、辰、戌土等朋友，一旁觀戰助威，單挑絕不可能。

八字分陰陽之多寡，並不能代表個性，但能加強其性，譬如：八字個性剛強，脾氣不好會與上司拍桌子，或找人打架，若八字全剛陽，則其性加重，全陰者稍減，亦即分等級，若有兩個脾氣不好的人吵架，六神排列差不多，則陽剛之人看起來，比全陰之人兇，但不一定打贏，得細看吉凶方明，打在什麼地方，分左右前後，亦可得知。又陰陽數目多寡，也關係到其選擇婚姻對象之身材。

二、答：印星有責，比肩難推卸，原因已述於前面。若本命沒有丙火，則打架不成——沒有回剋；可是官星沒有引化，本命就又欠缺貴氣，寒氣偏重；丙火藉甲木燃火，源源不斷，亦為命中一喜。又若沒有比肩幫身，則日元氣勢更弱，獨自挺身於社會，成就更低。由上可知，印、比、官皆為所喜，可是逢凶年，卻反引為禍，成於斯敗於斯，亦即佛教所說的因果。其一生，每一個人的一生，亦都受到整個八字所論的六神影響。喜用神在凶年，反為出事之來源。忌神有時卻轉為用神，亦即如同喜用在比、劫朋友、手足平輩親戚，平日受助，生意得利，逢凶年反遭連累一樣。

例四　財星見官牢獄之災（被告）

乾造　民國四十一年一月五日寅時

正財　辛卯　正印　十　庚　子　十五

正財	辛丑	傷官
日元	丙子	正官
偏財	庚寅	偏印

二十	己亥	二十五
三十	戊戌	三十五
四十	丁酉	四十五
五十	丙申	五十五
六十	乙未	六十五
七十	甲午	七十五

生於小寒後二十四日五時辰。

大運於八年一個月二十日後上運。

每逢乙、庚年驚蟄後十四日交換。

◎論命時間：民國七十一年甲辰月某日。

◎論命經過：

本造為一位朋友之同學，某工專畢業。某日託愚批命，余謂：今年壬戌年壬寅月因錢財糾紛，身犯官符，癸卯月年災半個月。果然如此，在癸卯月乙酉日至壬寅日被拘，關了十七天，判處兩年半的徒刑。起因於其員工被辭職走路，懷恨在心，在辦公室敲桌子據理以爭。致本命主滿腔怒火，唆使他人將該員工殺傷，在手腕上砍一刀，但未造成重大傷害。

甲辰月續上訴中，朋友問：「現在判兩年半，上訴將來好壞如何？」我說：「不礙事，花錢消災，不會再有牢獄之災。在丙午月會有新的進展，消息傳來佳音，最遲戊申月上半月某日解決無事。」果然，在丙午月合解，花了三十萬。戊申月甲子日高等法院審判終結，易科罰金。算起來前後花了近百萬元，因財引禍，正如斯言。而且當初在初審時，若非其父主張延請某立委關說，致失良機，亦不會造成重大損失，況且傷勢並非嚴重，皮肉之傷而已；然固然如此，一切均在氣數之中，難以潛逃。而財星為父之另一研判，亦得一證。

吳俊民老師（愚並未拜吳老先生門下，但曾研讀所著：命理新論三冊。一般有書籍出版之前輩，皆為吾師，蓋若非諸前輩著書立言，以啟後生，以傳千古，何來所謂「無師自通」，更談不上有所創見，況余資質智慧有限，在此特向有著書立言的先生、女士致最大的謝意及敬意。更感謝為復興中華文化，而盡力的所有出版公司之斥資興倡，令人感佩不已。）在命理新論提及，年柱干支必須自冬至點開始更換，與傳統之立春交界不同，引致命學界一片討論研究之風。現愚依事實所見提出探討，命造若更換年柱：壬辰、辛丑、丙子、庚寅，則命理上之官訟必然常見，不僅須常作證上法院，衙門似廚房，牢獄之災在辛酉年壬辰月即有臨身。（作證上法院之研判，請閱例八。）而且禁錮就不止區十七天，一字之差，或排列不同，所發生事故之差別，就完全不同；所用腦筋思考判斷，思前思後，白髮橫生，妻見亦憐。另於地理學上配合地運納氣，知其蔭生後代之行運起伏，流年成敗，富貴窮通，印證生辰八字皆有吻合，更證明立春交界之論點及傳統大運排列之無誤。（男陽順陰逆，女陰順陽逆。）關於此點在此不舉證。而命理上的實例，本書仍可見到，不妨參考以資旁證。

◎簡論命造

日元丙火，生於寒冬，傷官秉令，印綬双藏生火為用，借財星三透，又得傷官為後援，公然對印不利，一片囂張，盛氣凌人，且子水欲傷寅中丙火，寒氣偏重，四面楚歌，幸子丑合住，稍減衝突，奈卯木制傷官攪局，終伏禍根，心術難以盡善，處事偏激，皆因子水為患；丙、辛合而不化，皆因丑土生金，後台強硬，不容棄養；子丑合而不化，係因天上缺乏食、傷。天地皆合狀若有情實無情，逢財傷印，氣焰更長，奴僕欺主，挾官助威，被咬一口起於印星受傷。財星為奴、下屬於焉可證。

作業題

一、你認為本造的為人如何？是光明磊落，正人君子，或陰森小人或其他，請說明之。

二、本命造財星見官引來禍端，致有十七天之刑獄監禁，從可處分析得知，又何以選在乙酉日至壬寅日？

三、為何會在丙午月合解？在乙巳月的那幾天即見佳音？

四、為何在戊申月的甲子日解決此案？

財星見官牢獄之災（被告）作業詳解

一、答：本例日元丙火，月令傷官用事，傷官為才華、口才、智慧、霸氣……依喜干支排列分好壞，分輕重，其雖居月，有卯木近制，處事言行就不會過於囂張；但因卯木受到辛金蓋頭，難免損力，再逢甲、酉月或年，就會因寅、卯受傷，失去剋制之效，丑土傷官一意孤行，加強其對外之侵犯性；若傷官居天干，則一定在外，與外人起衝突，在地支則在家裡或公司機關裡，此只是大略情形，尚須依八字修養，其餘配合看。又本例若逢辰、戌、丑、未月的申、酉日就有激發，以申、酉年為重，由此可知，庚申、辛酉年以來，其心性對外發揮，積來已久；亦係其理當倒霉，該兩年傷到用神。又子水欲傷寅中之丙，有丑土合住，但卯木又傷丑土，難免濕氣偏重，偏於邪道、陰森，再逢申、酉增強濕氣，行事自然不依正乾；若命中無卯木，換為巳火，則光明磊落，絕無問題。流年財來刺激，因財而起，加上命丙辛合而不化，愛財有加之性，終於惹禍。若他能對公財看開一點，度量大一點，就不會有事，可是他能嗎？這是本性，也是氣數。

二、答：請閱前言說明。

三、答：前言述及，辛酉年酉金在丁酉月入氣，走至壬戌年癸卯月暫停，斯時寅、卯已復活，但因酉金尚有餘氣，其勢勝卯月之木，故必行至丙午月，方能完全去除酉金，故在丙午月成定論合解。但乙巳月的巳火即已催動欲去酉金，在乙巳、丙午、丁未日見佳音，乃係斯時引入丙火，而丙火月的丙火，並非在芒種才入氣，其在乙巳月末的丙辰日就已上門，亦即前述的三日，是促成丙午月達成協議之前奏聚會，丙午月合解則是成定局，至此已終結。

四、答：由第三答案分析，可知主僕双方已於丙午月無任何瓜葛，此係指辛酉而言，壬戌年的壬寅月，所引入的偏官壬水，尚未去除，亦即尚須與政府武官壬水打交道，至戊申月戊土止去壬水時，方時高枕無憂，斯時大運戊土亦發揮其作用，至於是否須要再花錢消災，恕余不分析。又於年底壬子、癸丑月再觸官符，卻係另外一件事。在甲子日解決此案，乃係戊申月之戊土，於丁未月末的戊午日入氣，至己巳日止，將完成其有利情勢，甲子日乃引化壬水，但若巧為星期日、假日，則須順延一日。

例五　財星見官訴訟之災（原告）

乾造　民國三十九年一月十四日亥時

偏財	庚寅	偏印
食神	戊寅	偏印
日元	丙申	偏財

二	己卯	七
十二	庚辰	十七
二十二	辛巳	二十七
三十二	壬午	三十七
四十二	癸未	四十七
五十二	甲申	五十七

傷官　己亥　偏官　六十二　乙　酉　六十七

生於立春於二十六日二時辰。
大運於一年二個月十日後上運。
每逢丙、辛年立夏後六日交換。

◎論命時間：民國七十一年戊申月乙丑日。

◎論命經過：

當日，係其母前來寒舍論命，余稱：過去這兩年來（即六十九年及七十年），流年難言順利，損財欠安，尤其皆在秋後，九月中更是損耗嚴重，身體多病痛眼睛也不好，尤其左眼，腦神經衰弱皆因勞碌而來，另見刑剋，長輩欠安嚴重（父自六十九年春即病倒，七十年乙未月瘁於腦血管崩斷。）意志消沉，傷心失神，刑剋可見。今年壬戌年壬寅月後，官符見官，於已無益，但卻催促去做。（原來於去年被倒閉了甚多票款，今年提起告訴。）其母謂：現在還在控告。余曰：官符見官今年及明年還有，至少要在後年某月方得相安無事。此係未來之事，未經印證，姑妄聽之。

◎簡論命運

日元丙火，生於初春，母旺子相，又得寅卯在年支，氣勢不凡，惜寅申逢沖，根株有損，且財星挾食、傷之威，公然傷印，顯現妻、母有失和之情，皆因命主息事相讓，一意姑息。幸得官星引化財氣，終無禍端。妻能力強，扶助有功；命造霸道有現，失和常見，歡喜冤家。

命局氣勢流通，再得南方火助，積金堆玉更非難事；惜寅申一沖，庚金蓋頭，盡皆隱憂，若再逢沖剋，双寅根株盡殘，運若未能制化，必見服喪，事業傾蕩不在話下；秋天快馬加鞭，九月車禍皆因申猴。失神行車，車禍莫怪。壬戌歲初見官按鈴，其實辛酉己見，到底何月讓君猜猜。

作業題

一、試分析比較：何以例四為被告，本例為原告？

二、何以過去兩年（庚申年及辛酉年）來，運程不順，在秋天何月、日即發生？為何在九月中才發現嚴重？

三、眼睛不好，且知係左眼，又腦神經衰弱，心臟乏力，從何判斷？是否宿疾或年病？於何時侵入？當於何時日轉安，得貴人相助。

四、為何辛酉歲中已有見官，在何月？今年任月戌年壬寅月又來按鈴申告？

五、為何官符以後還有？是原告或被告？後年何月、日才能無此牽掛？

財星見官訴訟之災（原告）作業詳解

一、答：相信讀者看了作業題以後，必會疑問重重，哪有原告或被告，亦可看出之理，但　　若能兩個命造比較一下，花點腦筋，自然就可豁然開朗了。其實簡單得很，例四天干沒有衛護，亦即沒有印星或食、傷，官星來臨時，命中之財皆生官剋日元，見官逢甲、酉年只是較嚴重，其餘之年、逢壬、癸月，逢遇交通警察，並非少見，乃極其常見之事，故愚在文中指出若更換年柱，其平日之官符就會不同凡響，原因在此。本例則有己土衛護日元，其見官自然理直氣壯，可以大聲，若戊戌時出生也是一樣，但其他時辰則不一樣，即只有食、傷衛護才是原告。若印星甲、乙則得權，比、劫丙、丁則受友連累成被告，若為財星庚、辛則因財致禍成被告。當然戊子，己丑時也是原告，只是戊子時須以零點零分，劃分日柱。以上亦可知，雖然同一日出生，但因時辰不同，進展過程卻未必相同。又由命中可看出，戊土平日可生庚金，相安無事，生財得利，但一逢官、煞年，反而助庚生水剋丙，無法發揮其阻水之作用，反成幫兇；又若戊、庚易位，其演變又當如何，此皆係深入高級命理，不能忽視的問題。若非思考靈活，恐怕只得找那神煞作伴，但願您不會半途而廢。

記得愚自民國六十五年底，開始對命理發生興趣以來，至七十一年己酉月，尚未足六年；前三年可說是，窮通寶鑑及神煞在算命，當時都是朋友、同事、親戚做實驗品，一個八字算八小時以上，常常可見，也就是好像在找資料，不是在用思維判斷分析，甚至當時想把窮通寶鑑整本背下來；一直到六十八年，得命理前輩提示，購了「滴天髓徵義」，花了三個月時間，連看五次以上，得於八字分析上，有一番整理，但尚有一大段距離，至於六十九年、七十年，可謂進展神速，舉一反三，連連突破，這是愚以書為師，研究命理的經過，願能有助於讀者之研究，將八字命理更發揚光大，因為需要突破的地方仍多。

二、答：命中双寅為用神，逢申、酉年月日就會受創，也就是忌神在逢申、酉，勿從命中求。庚申年之申金，在甲申月入氣，走至辛酉年庚寅、癸巳、甲午月止，即在甲申月引來禍端，但斯時有亥水護寅，故必須在丙戌月剋去亥水時，才能双殺出局，事件爆發。此亦係流年、流月逼進法。又大運在巳，故於丁亥再傷巳火時最嚴重；若日支為午火，則又當移至戊子月。但同樣在甲申月造成侵害事實，其餘月令只是顯示處理事情之煩憂而已，如同例一之：此身在逃。其被拘之時，亦如同本例之爆發。至於發生之日及辛酉年，茲不另說明。

三、答：身體欠安部份，請詳「疾病之實例－眼睛。」命中双寅氣厚，又當令，且大運巳火自丙辰年癸巳月以來，即走入命中，衛護寅木，故可知並非宿疾。其於庚申年甲申月後，傷害双寅，歷辛酉年丙申月後，接連丁酉月……，斯時大運壬水用事，且疾患已一年，（其中雖有吉月轉吉，但尚未結束。）故愈來愈嚴重。當於壬戌年癸卯月末漸吉，甲辰月甲木用事時遇貴人，丙午月安康。

四、答：辛酉年壬辰、癸巳月見官，事年為庚申年甲申月引發，但由於時間較短，故以報警處理為先，雖然大運壬水用事亦一樣。壬戌年壬寅月按鈴申告，帶動大運壬水見官，其理由與例四見官一樣。

五、答：於壬戌、癸亥年，皆為官星入命，大運仍在壬水，天干傷官護衛，仍為原告。甲子年己巳月酉日無事。

例六　票據法訴訟之災（被告）

乾造　民國四十年十二月四日寅時

偏官	辛卯	比肩	九	己亥	十四
			十九	戊戌	二十四
正官	庚子	偏印	二十九	丁酉	三十四
			三十九	丙申	四十四
日元	乙巳	傷害	四十九	乙未	五十四
			五十九	甲午	六十四
正財	戊寅	劫財	六十九	癸巳	七十四

生於大雪後二十二日十一時辰。

大運於七個月二十日後上運。

每逢甲、己年立秋後十三日交換。

◎論命時間：民國七十一年乙巳月某日。

◎論命經過：

本命造係林太太之長子，現在於台中市。（林太太則是住於台南公園路，曾延請愚去相宅，經余斷定過去犯了頭部之患，漲痛，血壓衝至頭部，致雙腳經常冰冷，隱伏腦血管崩斷之危機，並指出何年、月即加重煞氣侵入；當時仍醫藥不斷，完全應驗；借無生辰八字以資佐證。其頭痛又生瘡之症，煞氣侵入已重，雖經修改地運納氣，切斷煞氣因緣，仍須藉重藥物根治或超心理靈電治療以求速效；據聞其它過去曾為某飛行員之宿舍，前屋主駕機失事而亡，愚思：恐係地運煞氣頭症之故。此係林太太欲購置國民住宅——在安南區，而先相舊宅求證。介紹他人更不在話下。其宅形屬於平房，四周環境幽雅清靜，風吹柳樹，令人心曠神怡。納氣坎山離向，外氣合乎零正，內氣零正顛倒，煞氣重重，斷後雖驗令愚鼻酸，無怪乎醫生口袋愈來愈厚。此係相本命造一段因緣。）

余曰：「林太太，你兒子過去這兩年來（庚申年辛酉年），尤其在下半年七月後，連連受知己朋友連累，損財又受累犯官符票據法，以去年辛酉年最嚴重，自七月後，愈陷愈深，十月己亥月爆發事端見官。幸得貴人長輩解圍。」林太太一面聆聽，一面淚水盈眶，頻頻點頭，以抽噎的聲音說：「先生，你說的一點都沒有錯，當時若非其父親雙手拿錢去還（曾上法院），老早就捉去關。」聽後，令人感嘆命運之不可抗拒，冥冥皆有定數，改運之說更是虛妄；否極泰來，月有圓缺，季節更換，星辰軌道循環，皆有痕跡可尋，天星皆有定數，何況區區人類，若改運可得，偷天換日何難，愚曰：真厲害！望塵莫及。有些神明，亦因無法改造信眾之命運，而遭白眼、埋怨，嘆做神難哉！而做人須接受命運浮沉之驅使，（如同命相家之凶日，即有人向你考試、挑戰，使你洩氣，至於嚴重性，那得看其本人是否行之以正；八字的結構，及歲運是否有凶象顯現。）做人實苦啊！欲跳出輪迴的漩渦，更是艱難。令人感佩者，轉法輪渡眾之大德、菩薩，其困難可知，又值科學昌明，物慾橫流之際，更是艱難百倍。

◎簡論命造

日元乙木，生於寒冬，梟印秉令，母旺子相，日元不弱，又得寅、卯埋根，根基鞏固；寒木向陽，坐下丙火照暖，更得寅卯支援，能源不缺，生生不息；支局一片祥和，結交朋友頗有助力，重情惜義，交遊廣闊，成於斯，敗於斯，早有定數。若無寅卯，丙火不彰，一片寒氣，孤芳自賞，膽氣有限，成功之路另須端詳。干透官、煞駁雜，文武雙兼，貴氣不凡，惜後力不足，終須扣折；若求運助，一俟申、酉祿刃之地，根株皆腐，一片冬花落葉，到處凋零，未見其福反受其害，豈所願見。或謂子水引化，假煞生權，或可免禍；此天地造化之至理，配合參照，細細思之，必可得焉。誠差之毫釐，失之千里。種禍之因，於焉滋生。又干透獨財，長生於寅，又得丙火生助，後繼十足，挾官相欺，雖曰求救於印，稍得助力，奈煞威逼人，氣焰透天，遠水近火，終伏危機，加上命主聲勢亦旺，旗鼓相當，經年累月積聚，夫妻失和離異就在歲引，幼女失恃，託母照顧，正應求救於印。

作業題

一、為何庚申、辛酉年，官星得地，命主有印引化，卻有禍端，請解釋之。

二、何以皆在下半年度發生事故，又選在辛酉年己亥月見官，別個月份不會嗎？又庚申年有無見官，若有當在何月爆發事端？試分析說明之。

三、請解釋說明，命主亦是受害者，為何是被告而非原告？

四、為何係受累於知己朋友，陌生的新顧客不行嗎？從何處判斷得知？

五、試判斷：若依照冬至後更換年柱，那麼本命造這兩年，是否會受累見官？原告或被告？夫妻緣份如何？

票據法訴訟之災（被告）作業詳解

一、答：本題您若以分數計算，或分強弱，定然百思不解；但若知悉前言所述，則並非難題。庚申年及辛酉年，於申、酉月分別走入八字後，欲傷比、劫寅、卯，但受到子水及巳火阻止，歷戌月時除去子水，再歷亥月沖去巳火，斯時爆發。讀者若細密深思，必有一個想法，在亥月時，月令之子水是否還存在，於本命而言，在戌月剋去子水，巳火氣洩戌土，日元乙木已孤單無助，受到連累，事情已發生，剩下的巳火傷官思想，正用盡智慧尋求解圍，亦係最痛苦之月；至亥月沖去巳火，也就是子水恢復，引入亥水印星父母之時，拋棄巳火主見，硬著頭皮，向父母印星呼救，八字都難逃出；若求朋友或手足平輩幫助，根本退避三舍，因流年申或酉金，尚有一段漫長之路未走完，平時酒肉朋友於此可見真情。

二、答：答案同前，茲不再重覆。

三、答：因自申、酉月受友連累後，在戌月再傷子水，巳火在該月不但無助，反與戌土運成一氣，侵害子水，為了錢財與母爭吵，難怪其母哭訴兒子不孝。在該月已成被告受累，心情頹喪，犯了票據法，命中受剋太過，日元無依，逃都來不及，原告更不可能，亦係其喜用聚地支之故。

四、八字喜神寅、卯受傷，與己關係密切，故為知己朋友，經常交往之客戶；若事發在外來流年之寅、卯，則為陌生或剛交往之朋友，依月令而分。又若子水為午火代替，那麼又是一件打架的官司，於亥月就擒，酉月打架殺人，勇氣十足，有四個牢獄之災，至次年壬戌年癸卯月自由，當然詳細研判，仍須參照大運。

五、答：若更換年柱，八字為：壬辰、庚子、乙巳、戊寅，以辛酉年論之，受友之累，在丙申月即已很重，同在戊戌月奔走無門，仍為被告，但夫妻緣份則有相當大的差異，因天干有壬水輾轉相護，戊土財妻，無法挾官相欺，雖然壬、庚失位，但仍可引化，吵架雖有，離異卻不可能，況於年支，又得辰土助財。

例七　夫妻失和訴訟之災

乾造　民國四十二年十一月七日未時（丈夫）

偏官	癸巳	劫財	三	癸	亥	八
			十三	壬	戌	十八
正印	甲子	偏官	二十三	辛	酉	二十八
			三十三	庚	申	三十八
日元	丁酉	偏財	四十三	己	未	四十八
			五十三	戊	午	五十八
比肩	丁未	食神	六十三	丁	巳	六十八

生於大雪後四日十時辰。
大運於一年七個月十日後上運。
每逢乙、庚年小暑後十五日交換。

坤造　民國四十五年十月九日卯時（妻子）

偏財	丙申	偏印	三	戊	戌	八

正官	己亥	比肩
日元	壬午	正財
劫財	癸卯	傷官

十三	丁酉	十八
二十三	丙申	二十八
三十三	乙未	三十八
四十三	甲午	四十八
五十三	癸巳	五十八
六十三	壬辰	六十八

生於立冬後三日五時辰。

大運於一年一個月二十日後上運。

每逢丁、壬年大雪後二十三日交換。

◎結婚時間：民國七十年辛卯月丙戌日。

◎論命時間：民國七十年辛丑月某日。

◎論命經過：

上列二造，係乾造母親約期遠從高雄來舍談論；以乾造為主。余直言曰：您兒子個性溫和，交朋友又重義氣，去年（庚申年）秋天七月甲申月間，受朋友連累，事涉官符，須與政府官員打交道，與財物有關；當時心情頹喪，意志消沉，後悔莫及。這位朋友在四月辛巳月後即常交往，引為知己，反受欺害。

果然如此，原來當時辛巳月，在一個公共場合認識了那位仁兄，並常交往，財物相借，至甲申月以機車借給他，孰料竟然以他的機車去行竊，被逮到警察局，致須至警察局說明澄清，引來一場不必要之風波。

余接著說：今年（辛酉年）仍有官符，在三月壬辰月後即發生，尤其在七月丙申月中，意志更是消沉……。說到這裡余尚未述完前因後果，老太太就已怒指坤造說：「就是這個女人害的，告得我兒子淒慘落魄。」事實上這點在八字歲運已顯現，在庚申年甲申月末，妻星再度入命，妻宮酉財又得大運酉金之助，性慾催促，婚緣屆臨。老太太續曰：她告我兒子打她、罵她、虐待她，可是事實上，是她打我兒子，就以這次在法庭上來說，惡言相向，在法院大門還追打我兒子不停，幸好法警拉開，旁人都親眼瞧見，認為這個女孩好凶。過去曾配婚，相命的說很適合。

我說：「依配婚來看，一般認為相蛇的與相猴的，是六合會很美滿，差三歲及六歲沖刑就不好，這種配婚法只是看八字中的一個字而已，其餘七個字卻都不顧，反正這種粗糙算命法，用起來很簡單，教您一下子就會，可是就不一定準。依兩人的八字來看，日元丁壬合而不化，壬水傷丁，夫妻宮午火剋傷酉金，盡皆陰勝陽，女性佔上方，以合夥生意人來說，合作不會長久，夫妻就得看歲運的緣份。另看雙方個性，您兒子個性內向、保守，命帶貴氣，可是凡事忍讓。她則傷官暗藏，沒有受制，外緣雖好，與人極易相處，內緣在家裡脾氣有剛硬之一面，仍是陰勝陽。但這些因素只是構成不和睦的條件，主要在於您兒子的八字上，喜印忌財，尤其遇上這兩年及大運是財年，家庭風波自是難免。又依您媳婦的八字來看，此次告訴亦非本意。」

「是的，這次會發生這種官訟，主要是她娘家在背後唆使。你看以後會如何？」老太太接道。

我說：「這個訴訟，目前還沒有辦法了解，要在明年壬戌年癸卯月下旬會有貴人相助，事有轉機，但要在丙午月才能無事，雲開見日。」

果然，在壬戌年丁未月來電話曰：在丙午月審判獲得勝訴，皆得因於證據收集充份。不過本月坤造又再思提起上訴，找問題控告……並詢問將來進展如何……。

◎簡論命造

乾造日元丁火，生於寒冬，煞旺透天，又得財星助煞，氣勢不凡，幸得比、劫幫身暖局，甲木方免寒凍，煞印相生，架煞生權，貴氣明現。食神暗藏失位，無制煞之功，反生財助煞，隱伏財年愛恨交集，不忍離捨之局，快刀剪不斷亂麻，徒增弊端。但配置尚屬中和，正直仁善，光明磊落，顯現無遺。今逢財年滋煞，命局頓失平衡，財官月令，逐步逼襲；中年巳申合化水，劫財化官星，皆因癸水蓋頭，受害見官，事由歲侵。酉年巳酉合，卻助煞欺劫；與我相攀卻又想邀集他人仗勢欺我；雖煞庚、辛干頭氣勢囂張，欲襲我印（母），皆能得丁火助力，癸水理法引化，保護周密，終能化險平夷，天理昭昭，冤情自清。唯接下酉、申運，氣勢仍焰，風波依見欲不盡不可見。

坤造日元壬水，月垣得祿，又得印、劫助力，身元不弱，財星通根，又得傷害暗生，富命己具，己土混壬欲抵定中流，卻嫌不自量力，反須財來助力。夫星勢弱，仍須我助，難怪夫造妻星氣勢囂張，皆已前定。戊午、己未之歲業己付出，何以不嫁，今歲壬戌之丁未再燃舊情。庚申、辛酉之歲，感情不固，草草結婚，皆因母命難違，辛酉告訴亦非本意，半因錢財為媒，半因乾造命該如此，徒呼奈何！

作業題

一、請說明本命例，為何是妻告夫，並非丈夫控告妻子？

二、坤造誣告，從命理上您可看出事因癥結在哪裡？

三、為何本命例，最後一定乾造獲得勝訴，且在壬戌年丙午月？

夫妻失和訴訟之災作業詳解

一、答：凡事皆有其因果，無論是吉或凶，譬如：升官發財若無斯命及運助、流年助，就無斯福；或謂成功發達，乃係個人努力得來，以駁此論；其實都沒錯，因為八字命運，並非具有什麼法力能驅使的人；必須了解：八字只是先賢創立，示人一生窮通禍福的「代號」而已。因為人總是會懼怕那過去的慘痛經驗，或憂於目前之逆境，以至對那遙遠的未來，充滿了好奇心，充滿了求知慾。成功或失敗仍是掌握在您自己的手上，是故您不應當如此駁斥，應該說：「八字能解釋我的一生禍福嗎？準確度有多高？」而相者和同道談論，或授課時，引用那句術語「升官發財，若無斯命及運助，流年助，就無斯福。」則可，若對外發表，就不能如此，以免遭不懂者，誤以為八字能控制人的一生，宜曰：八字能看出人一生禍福之變化。

上文主要係說明，本例乾造流年傷喜用，巳火劫財化為官星，逢壬、癸月再傷丁火，一片寒氣，濕木難引丁，由外侵入，帶來官符，命該如此。而坤命由外引來印星，丙火化為壬水，卯木受剋，傷官遭阻，有口難言，竟見之爭；亥月再傷午火，命局一片寒氣，心情鬱悶不舒，走入低潮，至壬戌年壬寅月引入壬氣，丙火全熄，頹喪至極點，但因身元旺，故不會導致發瘋，亦不會去自殺。由命上可見到三件事：⑴辛酉年辛卯月後，父母向她借錢，命中丙火化為壬水，事因乃坤命之足的需要；又斯時已土夫星失去丙火之助，午火又受到亥水剋住，氣勢甚弱，坤命之卯木傷官言行、霸氣，本無控制，在家氣焰高漲

（在地支之故，若天干則外出行為。），再得丙火所化壬水之助，己土夫星更難抵擋，亦即坤命比丈夫個性強，乾造亦可看出個性較溫和。又於辛卯月丙戌日結婚，可知係在不大情願之下所為，因辛卯月的辛金，於庚寅月末的辛巳日即已走入命中，婚日丙戌之丙剋去辛金，（該日合而不化）夫星己土暫得命中丙火之助，亦即過了丁亥日後，從庚寅日起，己可看到夫妻失和，此余亦得乾造母親印證過，婚後就開始吵，其曰：不知吵什麼。其實由命中可見，她不同意這樁婚事，戊午、己未年已有意中人；其家醜不欲外揚，余亦不願指出，不過後來壬戌年丁未月，卻於電話中稍提此事。另外一件事，即是因錢財支借父母，婚後的庚寅日後，即常回娘家，交往甚繁，有長上撐腰助陣。⑵辛酉年丙申月後，接連丁酉月……沖積命卯木，天干丙、丁生己土，暫去流年之辛金，亦即夫星得到支援，幫其說話，地支申、酉傷卯，坤命氣勢受阻，傷官受到剋制，意見之爭，節節敗退，但有亥水引化，金生水剋午火，尚有優勢可言，卻花錢消災，亦即自辛酉年壬辰月，打官司以來，此刻正激烈，亦係最激動之時，因為她卯木受傷，有口難言，於理上站不穩。此外來之酉印長上，即為乾命丈夫之長上母親，及其長輩。⑶乾造為官符臨身，坤命為花錢消災走損財運。故即使乾造控告坤造誣告，亦無牢獄官符之厄，況且乾造心軟，尚欲原諒妻，更不會反告一狀。

二、答：請參看「一」答案分析。

三、答：乾造若命中無甲木之助，則不但無法勝訴，老早在庚申年甲申月後，就已受累犯官符，有牢獄之災；亦即命中之甲木，由於得癸水及子水之保護，有驚無險，外邪難侵，雖濕木難引丁，卻係命中唯一生機，俟壬戌年癸卯月沖酉年，阻其前進時，命中巳火恢復功能，況丁火於辛年雖洩火，仍有火氣助甲，而丙午月乃辛酉年之終。

例八　法院查封及作證之災

乾造　民國三十年八月二十三日丑時

正官	辛巳	食神
偏財	戊戌	偏財
日元	甲午	傷官
劫財	乙丑	正財

三	丁酉	八
十三	丙申	十八
二十三	乙未	二十八
三十三	甲午	三十八
四十三	癸巳	四十八
五十三	壬辰	五十八
六十三	辛卯	六十八

生於寒露後四日。

大運於一年四個月後上運。

每逢戊、癸年立春後四日交換。

◎論命時間：民國七十一年丁未月丙午日。

◎論命經過：

本命造係命宅合參，經愚斷定近兩年來某月，住宅煞氣侵入，有腰痠背痛、腰閃之患，因與八字有相似之處，故於命宅合參部份不舉例。

余直斷曰：近兩年來流年不利，自六十九年庚申年的春天受知己朋友連累，損財連連，並犯官符，意志消沉，尤其在庚辰月後接二連三，秋、冬加重。去年辛酉年也是一樣；春天庚寅月後，情形一樣，且更倒霉，損財、受累犯官符，皆因義氣所繫，秋丙申、丁酉月為友作證、擔保，受累連連，冬己亥月引發事端，幸得貴人相助。

果如斯言，受知己連累，為人擔保；結果兩年來歷盡艱難，遭法院查封，弄得烏煙瘴氣。

續曰：今壬戌年壬寅月上半月某日，當得貴人相助，另有發展，並得新知識，打下基礎，來日成功之基。近兩月來，自己巳月丙午日後，至本月丁未月，恐受朋友之累，須上法院作證，身不由己。

原來壬寅月投資於鰻魚養殖事業，卻於乙巳月乙卯日之後，魚塭遭豪雨侵襲，鰻魚流失，損失十萬左右，本預定於次日收成，誰料到遭此天災。（事實上，命理已顯凶象，亦當於該日發生，只是愚未想到天災這個問題，卻又增加一命例。）又上法院作證，亦應在該日，而且是服務公司的同仁所涉，真是霉氣接連。

余又說：「本月丁未月自乙未日以來，至今約十一天，當進一筆錢財。而且在戊戌日後，今年春天投資的事業，想要拋棄改行；此事已在籌劃進行，無利可言，而且在本月戊午、己未兩日付之實行，箭在弦上，恐怕不做不行，但不會做太久，在某月就會收攤。」因為其本人問道，鰻魚是否現在可以做；故愚指出並非做與不做的問題，而是你根本現在不想做，想另求出路。

原來他聽朋友說，養狗事業很賺錢，想撈它一筆，已在籌劃進行；進財也沒有錯，向某銀行貸款二十萬元，想投資養狗事業。其妻尚不知丈夫想發這種財路，不過卻問道：「向別人借的錢，是否算做進財。」我回答：當然亦算是。

◎簡論命造

日元甲木，生於季秋，命局財星重重，又得食、傷生助，反成財多身弱之局，加上官星高透，有財為源，乏印引化，老早對我心存惡意，得虧辛金坐下巳火，智慧靈敏，平時方免受害，其亦不敢太囂張。命局賴乙木得根於丑中癸水相助分財，情意綿生，雖曰有功，亦係禍源，皆非當初所能逆料，今逢庚申、辛酉之歲，食、傷失算，做事迷糊，皆因乙木一人為害，情義纏身；辛金得助，橫行鄉里，猶如脫韁之馬，殘害田園，禍生皆自歲侵。今歲壬戌，壬印先臨駐驛，貴人相助，敵我化干戈為玉帛，反來侍我，前程充滿一片希望；奈於乙巳月末引進丙氣，巧逢天災，功虧一簣，又須法庭作證，似乎一波未平一波又生，實際上卻是歲吉月凶之禍端，磨練經驗，奠定來年成功之基礎。今逢丁未月末引進戊氣，圖思橫財撈一筆，置壬不顧豈是福。

作業題

一、本命造在庚申、辛酉年，受累犯官符，法院來查封，為何沒有牢獄之災？

二、本命造為何在壬戌年壬寅月中，想另創事業，丁未月末又想改途發展？均於該月何日發生？

三、為何在壬戌年乙巳月丙午日後，至丁未月會發生上法院作證之事？

四、以上八個例子，若全部換成坤造，例七則以乾造之命換成坤造，官訟、牢獄之災是否會同樣發生？

法院查封及作證之災作業詳解

一、答：本問題若於前面諸例，深入了解，當非難事；同樣皆逢遇凶年，而且本例用神僅一乙木，受庚、辛連傷，比較起來，不知嚴重多少倍，牢獄之災，不可能沒有吧！可是事實上就是沒有，因為命主雖然沒有印星引化，無法得到官員之好感，沒有那份受到照顧的榮幸，亦無長輩支援，更無朋友、手足之幫忙，（斯時乙木受傷，朋友、手足退避三舍。）但幸好尚有那過人的智慧即巳、午火反擊官星，加上大運在午火，運用智慧保護自己，尤其係藏於地支，故更能出其不意，握有證據，避去牢獄之災。若大運走至壬辰運，辰土用事時，巳、午氣洩，那時庚辰、辛巳年，恐怕劫數難逃。

二、答：由前言可知，壬戌年壬寅月引入壬氣，辛酉年之辛金於辛丑月再走一次，至丙午月方止，亦即壬寅月時，命中甲、乙得到助力，引化流年及命中辛金，官印相生，催權之象，此為其一；另乙木復活，離去的朋友，再度常來往，亦於寅、卯、甲、乙月認識一些新朋友，此為行商之必須，此其二；再於命中可知，印星不見、讀書或處事，必於事到臨用時，才激起充實知識，臨時抱佛腳之舉，今逢流年、月令引入印星，必有上進，再充實新知識之情，此其三。故由以上三點綜合得知，壬戌年壬寅月癸酉日前二十日以內，策劃並進行開創新事業。

於前言已述及，壬寅月壬水入氣，至戊申月暫停，壬子月再走一次，當然在己酉月己土走完時，壬水己繼續前進；而在丁未月末戊午日時，即已開始走戊申月，故於十日前的戊申日，即已想改途發展，拋棄壬水所學，想追求那不著邊際，於八字不利的戊土橫財——養狗事業。

三、答：上法院作證，係八字排列的組合問題，本例主要係逢遇丙、丁月才有此情，乙巳月丙辰日，即開始走丙午月之丙，又由前面數月推知：甲辰、乙巳月，天干為木屬於比、劫，至丙午、丁未月，天干為火屬於食、傷，即事情之演變過程不同，另有轉變，故於丙辰日走丙之前十日－丙午日，即已開始引進丙午月當發生之事，如同前面所說的戊申日想改行一樣，因戊申、己酉為天干財星，追求錢財，與前面丙、丁終究不同。此皆為天干；地支之探討也是一樣，甚至更複雜，因為它的排列，不像天干五行是兩個、兩個排在一起。

為何會有作證之事呢？茲以丙午月說明，月令為食神坐傷官，天干乙木為用，本忌命中之辛金，想對我不利，逢丙去之，且合而不化，當更吉才對，可惜有戊土轉化，反而造成不利，造成反效果；即甲木生丙火，丙火生戊土，戊土生辛金，辛金再剋乙木；但因丙火亦剋辛金，即食神我之思想、言行，不忌官星，心理已穩住，日元沒有罪，不怕政府官員，但因乙木輾轉受傷，故知受知己朋友連累，須上法院入證。如果乙木換一個字，其情又不同矣，如換為壬、癸則沒有作證之事；換為丙、丁為自己的事，當然須有根氣，正格論之，換為戊、己亦同；換為庚、辛則更倒霉，但仍須有根，正格方是。

四、答：此問題相當複雜，較難解說，於此略之。但筆者可告訴諸位：不一定會發生，因為尚須考慮到，官星為夫星，事情牽涉到丈夫身上，與丈夫間發生何事變化。

貴人之實例

一般常謂：貴人在何方?亦即發生問題時，S.O.S的求救的訊號，何處、何人可接收到。亦有問：我的八字有沒有帶貴人?問這些問題，通常很容易就可回答。譬如：命上喜用為水，就說：貴人在北方；喜用在火，貴人就在南方；喜用在木，貴人就在東方；喜用在金，貴人就在西方；喜用在土，貴人就在鄰近等等。又有無帶貴人？一般皆以命局中之天、月德貴人，天乙貴人（三奇貴人）……等等，來討論回答這個問題。

事實上人的一生皆有起伏，以吉年而言仍有凶月，凶年亦有吉月；吉月仍有凶日，凶月亦有吉日，知命者，即知人命運之軌跡，除非壽終正寢，否則歲月之順逆皆有終始；當因逆時伸出援手相助的人就是貴人，而當盛極將衰或霉運來臨時，造成損害之人就是小人。而命理上之回答，一般皆稱：逢貴人相助或防小人。至於這個人是誰？這個問題就很值得去研究探討，不過若指名道姓，卻是八字命理永遠無法解開的謎；當然世上能人輩出，此路一通，另有玄法可求，欲窺盡天機，亦是值得去研究的。而一切仍須有「因緣」二字來相繫，半點不能強求，譬之：當你買到這本書後，也算有緣。但是依書上之事實經過配合論命所述，說不定你老早就知道，也說不定對你幫助很大，更說不定您會認為我在胡說，這就得看各人之學習路線及智慧論點而定，總之一切都是緣。

新聞學上的五個W：人（who）、事（how）、時（when）、地（where）、因（why），可作為探討八字奧秘的指南；實事求是，追根究柢，不怕麻煩，不怕出洋相，一向就是敝人的座右銘。八字論的發明及研究發展實在是一件很偉大的事，簡單的八個字，竟能剖析人一生之變化，可是八字易學難精，以筆者言，仍然不斷地在學習，不斷地在研究探討。

另外貴人之實例，本書之其他例子，亦可供參考，譬如：逢遇官符時，何年、月誰來解圍，免去牢獄之災。逢生病時，何年、月當可遇明醫。又逢損財、倒霉時，何年、月會遇上小人……等等，本文的目的，主要在說明，要求那命及運上之真正貴人、小人，不要求那神煞中不知所謂的貴人及小人。

例一　親戚相助

乾造　民國十四年五月十九日辰時

比肩	乙丑	偏財
偏印	癸未	偏財
日元	乙未	偏財
正官	庚辰	正財

二	壬	午	七
十二	辛	巳	十七
二十二	庚	辰	二十七
三十二	己	卯	三十七
四十二	戊	寅	四十七
五十二	丁	丑	五十七
六十二	丙	子	六十七

生於小暑後二日四時辰。

大運於九個月十日後上運。

每逢丙、辛年清明後十二日交換

◎論命時間：民國七十一年壬寅月末。

◎論命經過：

命主經營養雞場，六十九年與朋友合夥興建國民住宅，於該年底，親戚欲向地主購屋，託愚相宅，巧遇於工地。至壬戌年壬寅月，心血來潮，命宅合論。住宅煞氣聚在媳婦之寢室，婚後接連婦女疾病，應驗不爽，稱奇不已，惜無八字參論。余斷其六十九年與朋友合夥，可是流年不順，受友連累，去年辛酉年，仍然一樣，尤其在戊戌、己亥月，官訟纏身，受友連累，因財而起，斯起意志極其消沉。果如斯言。原來與合夥蓋房子的朋友，對簿公庭。誠因緣聚散，緣生緣滅，翻臉成仇，豈是當初所想像得到。再斷其今年（壬戌年）壬寅月中，貴人親戚相助，凡事漸轉吉，步入坦途，在辛角月壬子日即已催促，最遲在壬寅月之壬申、癸酉兩日內來臨。果然如此，癸酉日其妻之兄長，剛收到會錢二十萬，登門支援。又問前程，示其專心養雞，莫求變化，合乎心性為要，今後流年連連順利，可大展鴻圖。但自七十五年丙寅年六十二歲秋後，會引身而退，安享老福，得留意閒出毛病來，注意肺、腎之患。當注意身體保養、多運動，這是勞碌命的化解法。六十五歲己巳年辛未月有一劫數。

◎簡論命造

日元乙木，生炎夏，命局財旺皆藏，乙木分財，癸水調候生身為喜用，乙庚合化金，官情向我，官印相生格。命無食、傷，有官約束，難怪為人穩重、守法，平易近人，一家和樂，豈料人善被人欺，馬善遭人騎，受友欺累，流年、月令催促公堂翻臉，誠屬逼不得已，亦係氣數難逃，命該如此。若謂命中有癸，當以吉論，凶神惡煞皆有引化，豈容猖狂，實有再深研之必要。其實天機在排列上，以整個八字而言，年、時位列左右衛護，如且地理風水左青龍、右白虎，月為引氣入穴場之父母山、胎、息，日為穴場，故由命局排列上，亦可觀出蔭生祖墳之吉凶，巒頭氣聚是否有偏差、均勻，來龍納氣是否清純，龍身是否端正，知其立何字向，進而由命格局高低，及行運合論，判斷龍身納何卦，是否當運等等。當然於蔭生之後代，由於龍、穴、砂、水、向，各引氣不同，富或貴自難齊一，故欲洞悉來龍去脈，當以所蔭生之八字合論，方免失誤。本文可與「命與陰宅部份」合參。

本例若年、月乙癸更換，則情形又自不同，月令同樣不利，但整體而言，反凶為吉，亦無官符之厄。可是在六十七年及六十八年金星當令之月，官符卻難免，而本命主卻未必如此倒霉，細細思之，自能明瞭。

例二　上當倒楣

乾造　民國四十年九月二十日午時

偏印	辛卯	食神	五	丁	酉	十
			十五	丙	申	二十
正官	戊戌	正官	二十五	乙	未	三十
			三十五	甲	午	四十

日元　癸巳　正財　四十五　癸　巳　五十

　　　　　　　　　五十五　壬　辰　六十

正官　戊午　偏財　六十五　辛　卯　七十

生於　寒露後十一日。

大運於三年八個月後上運。

每逢乙、庚年芒種後十一日交換。

◎論命時間：民國七十一年丁未月己未日。

◎論命經過：

人生本有否泰，逢吉喜上眉梢，逢凶霉氣接踵。而究竟吉在何處，凶在何方，如何分辨出來，只要深入探討，天機必然在握。本例「上當」較特殊。余斷其壬戌年丁未月甲午日後兩星期內，尤其在乙未日，為求財利而與政府官員打交道，此政府官員與已不熟，結果無利反而上當，果如斯言，而且更滿肚子氣，埋怨不已，原來斯時，參加某縣之某項公務人員考選，事先因關說，縣長口頭答應沒問題，結果放榜沒有名字。此類事情於社會上常常可見，八字也有跡可尋，更妙的是舉凡：打架、吵架、意外之災傷在何處、借錢放利息、情緣雙人爭情、被騙失身、權柄來去……等等，人生百態皆能在八字看出，相信讀者深入研究，必會覺得妙不可言，不可思議。難怪有些朋友會對我說：在你面前就好像沒有秘密似的。其實八字仍有極限，人名、地名就是永遠無法解開的結，譬如：放利息被跑了，而究竟對方姓名為何。上當被騙亦同，打架是跟誰打……都是八字無法解開的謎。而且不只是八字，凡所有以生辰為據之推算法，都是一樣，這也是愚欲追求玄學密法，再求精進之主要原因，還好來日方長，但願有一日能達到這個境界，讀者高人有此能力者，愚衷心地盼望能賜予指教，萬分感激，沒齒難忘。

◎簡論命造

日元癸水，生季秋，命局官星秉令又雙透，再得財滋，其勢強旺，管束太過，難怪個性趨於內向、保守、穩重、壞處而言，即魄力、衝勁不足。膽氣不夠；不與人爭，凡事忍讓，是此類八字的專利，余曾觀一夫妻命造，妻造傷官橫行，個性刁蠻，男人遇上倒退三分，相者皆斷言婚後三年必定緣盡再見，可是余觀夫造，同此相似，凡事皆能忍，雖然在庚申、辛酉年，乾造個性趨於剛硬，不再容忍，以致引來口舌爭論，也絕無離異之理，結果沒錯，辛酉年秋後，坤女賭氣出走三個月，又再回來，重新和好，至壬戌年戊申月，雖曾耳聞口舌，卻也相安無事，可見婚配可改變命中先天不良之婚姻部分，陰陽中和，國泰民安。本命主全賴辛金相助，惜厚土重重，又坐下洩氣，用神無力，官印相生格，近兩年來（庚申、辛酉年），運程較順。歷壬戌之歲，示乙巳月末，丙午、丁未月，月令不利，錢財窘迫，皆如斯言，丁未月中，火鎔辛金，陰陰相見，用神受傷，楣氣自取，得乙木之引，上當滋生。若問將來，一生為人作嫁，或學一技之長，開店營生，他人求我；經營工廠，商場縱橫，卻無是命，四十二歲壬申年後，將更有展機，接下癸運四十五歲六月中壬午月，事業小成，獨立營生，誠遲來之福，唯癸運未終，即遭挫折，未免失意，心地善良過於忠厚之故。

疾病之實例

一般初學命理者，或研究多年仍未突破者，對於流年吉凶，尚能分出，但欲分析判斷是疾病或意外之災或其他則較困難，當然您若能分出凶年，斷損財是錯不了的。本篇列舉甚多實例，至於意外之災之實例，將於下集詳論。其實分辨容易，疾病；乃五行失常，失去中和。同醫理是一樣的。譬如：炎夏調候之腎水受燥土剋，或逢火激土剋水，皆致腎臟及泌尿系統之患，女性則有婦女病。又如：寒冬調候之火氣受水撲熄，主貧血，心臟虛弱，心肌梗塞，心悸等等之心臟病，年紀輕或正值壯年者，卻主腸胃不好，因八字不同而分，當然亦有年紀輕輕患心臟之患者，實際例子多參考研究自能明白。

甲膽、乙肝、丙小腸、丁心、戊胃、己脾鄉、庚屬大腸、辛屬肺、壬屬膀胱、癸腎臟、三焦亦向壬中奇、包絡同歸入癸方。至於地支所謂，卻有偏差，以天干代入地支即可。

又過喜傷心，過怒傷肝，過憂傷肺，過思傷脾，過悲傷心，過恐傷腎，過驚傷膽，木：在天為風，在地為木，在人為肝，在體為筋，風氣通於肝。故諸風為病，皆屬於肝木也。

火：在天為熱，在地為火，在人為心，在體為脈，熱氣通於心。故諸火痛癢瘡之病，皆屬於心火也。

土：在天為濕，在地為土，在人為肝，在體為肉，濕氣通於脾。故諸濕為病，皆屬於脾土地。

金：在天為燥，在地為金，在人為肺，在體為皮，燥氣通於肺。故諸燥氣為病，皆屬於肺金也。

水：在天為寒，在地為水，在人為腎，在體為骨，寒氣通於腎。故諸寒氣為病，皆屬於腎水也。

一般有的怕論斷失誤，全部包下來，事實也沒有錯，其患病原因是相連貫的。茲列於後，讓各位在算命沒有把握時，也包它一下，以免洩氣，但切勿志得意滿，宜多看實例，以達到一就是一，二就是二的實力。

木：肝、膽、眼、筋骨（四肢、風濕、關節炎）。

火：心臟、小腸（十二指腸）、舌、血脈（扁桃腺）。
土：脾、胃、唇、肌肉。
金：肺、呼吸器官、大腸、皮膚過敏。
水：腎、膀胱、泌尿系統、婦女、耳、骨髓。
八字過旺：主氣實之症。如八字日元為丙、丁，命局火勢太旺，主高血壓，致頭脹痛，腳底冰冷，有腦血管崩斷之危機。且生瘤、結石、癌症等異物之可能。
八字過弱：主氣虛之症。如八字日元為丙、丁，命局木、火不足，主貧血、經期不暢、難產、腦神經衰弱、發瘋、智障、胃腸不順。
亦即病理同為人一樣，行中庸之道，方得祥和之氣。唯機器都會發生故障，何況是肉體之軀，一般說來，致病原因有先天不足及後天失調兩種。先天不足係受風水地理影響，煞氣太重。後天失調係受歲運沖激，屬於年病。或受住宅煞氣侵害成宿疾。（命宅合參請詳後文）而論斷命理上，不只觀察用神、喜神受傷之病，尚須看忌神是否形成弊端，亦即綜合參看。此點於觀察其他官符、意外之災、損財、打架……等等判斷時亦同，八個字配合流年、月、日及大運，缺一不可。實際上本書之所有實例，判斷分析的工具只有：八字、六神、五行、大運及流年、月、日之起止等。及下集之「命理基本觀念」。對於古人所借重之：神煞、十二歲君等，皆無採用。而且採八個字皆看，不止看一個字或兩個字，即鐵口直斷。如：一般看女命，夫宮坐傷官或男命妻宮坐比、劫，即直斷婚姻不順，其實沒有那麼簡單，當您深入八個字的世界時，會有頭痛之情，恕余先示知。

例一　頭部、腦神經之患(一)

乾造　民國五十一年十一月十七日戌時

正印	壬寅	劫財	九	癸丑	十四
			十九	甲寅	二十四
正印	壬子	偏印	二十九	乙卯	三十四
			三十九	丙辰	四十四
日元	乙酉	偏官	四十九	丁巳	五十四

五十九　戊　午　六十四

六十九　己　未　七十四

傷官　丙戌　正財

生於大雪後五日十一時辰。

大運於七年十個月十日後上運。

每逢乙、庚年寒露後十六日交換。

◎論命時間：民國七十年辛丑月。

◎論命經過：

命主之母偕同兄長，於辛丑月之某星期日來訪，剛好筆者未外出；仔細排好本命造後，愚對其二人曰：「他近兩年來（庚申、辛酉年），流年不利是很容易看，可是如果只告訴您這些，沒有分析發生什麼事，那就讓您白走了這一趟。（遠從嘉義來）」說完余陷入了沉思，將八字、大運、年月前後逐一推敲有一陣子。

我說：「他這兩年來流年不好，主要是身體欠安，在六十九年秋甲申月有意外之災、車禍，傷在左側。而在六十九年庚辰月後，尤其在今年的秋天，頭部、腦神經衰弱，嚴重些會發瘋般，意志也非常消沉，想尋短見，我說的有沒有錯。」

其母親道：「沒有錯。」因為每次論命，皆先談論過去印證，不會怕麻煩而省略，亦不怕不準而不敢言。主要目的有二：⑴印證過去，以確定生辰是否準確。否則若時辰不準，稍後說的必然成瞎猜。亦有以六親來印證的，卻有差誤，因同一個生辰八字，其父母緣份兄弟數目，未必完全相同，皆有例可循。如：命理新論下冊第二十七章第四節作業題，命式：「癸巳、戊午、丙午、庚寅，」同胞眾多，無一成器，其故何在？此命例與一朋友完全相同，朋友畢業於淡江文理學院化工系。兄弟不多只有一個哥哥，畢業於中國醫藥學院。其父母經營某食品化學工廠。⑵印證過去，藉機會考驗自己，過去的無誤，未來的命運分析，才能當作參考；亦因此才能發掘一些特殊的命例，才能發現自己不足之處；而今天愚能對八字命理有些微小得，皆係如此磨練而來，於此提供讓讀者參考。當然於此過程中，亦有碰壁不準的，亦有存心考試的，亦有我發覺似有此可能，而大膽假設的；凡此若遇不準，都讓生辰不準有誤來承擔，以後的流年，當然就不再論述，這樣愚亦不會因對其未來胡說八道，而引人入歧途有損陰積。我這樣做的目的，純為興趣及研究，讀者若非同此，純為賺錢，一心在錢，如果碰壁不準，沒有收入，請勿怨我。當然事後必得花費一番功夫，探討、收集、研究不準驗之原因何在。而在論斷不準時，亦必解釋道：「我之算命必先斷過去，就是怕生辰不準，（當然我不會說研究不足，自打嘴巴。）如果過去的準確，未來的才石做參考，否則如果我不述說過去印證，就直說你未來有多好，不準又有什麼用。」我這樣做，才會心安理得，來客才有收穫，也不會有上當之感。

話說其母親聽了斷語後，神情黯然地論述了這般令人同情的經過：原來自六十六年以來，就有輕微腦神經衰弱，近兩年變本加厲，讀書上課時神經迴敏，感覺大家都在看他，自我意識太重，高中從最好的學校，一直讀到私立較差的學校，有一種拒讀的恐懼感，在家裡亂發洩，東西時常亂摔似發瘋般，其母親不忍，四處尋求名醫，神經科看過仍無效，有制煞、改運、看風水、相命、問卜求神，傾蕩了所有積蓄二十餘萬元，仍然一樣，其兄長都希望他去死，有的相命直言鐵斷沒有救，令其母痛心萬狀。可是有時候，卻又很正常的在打羽毛球。發作時卻又不像人。

余分析了生理狀況示知：他因為自我意識太重，氣血時常積聚在頭部，尤其印堂部份，好像彈簧般，永無放鬆，自然積久成弊，頭重腳輕，頭痛之症；只要一用腦筋思考，馬上會造成頭痛之患，如果放鬆下來，不去思考就會恢復，所以只要把氣引到腳底，氣血自動全身上下正常循環，就可豁然痊癒，亦即意志力集中在腳底，冰冷的雙腳轉為溫暖之日，即是康復之期。可是一般欲令其意志力集中在腳底，多不太可能，所以得借重火，用紙燃火，移近腳底，讓雙腳感到炙熱，強迫思想集中在腳上，就會馬上感覺到氣往下走，雙腳轉溫，早晚各一次，每次一小時，當日即可覺得頭部輕鬆舒服多了，睡眠亦可逐漸恢復正常，視病情之嚴重性，至多三個月內即可痊癒。此係用腦過度之患，亦有在就學中的同學，讀書用功過度，頭痛之症，其情與拉彈簧同理。而雙腳溫火，全身宜放鬆，雙腳勿用力。曾有一位命相、地理師，因不明原理，而修禪定，其自幼即能通靈，結果氣聚在頭頂，亦往心脈逆沖，欲達到肉體蛻變而不可得，當場以此法相試，其頭痛欲裂之症頓時減輕，因積鬱已久，當時在一星期後聞聽頗有見效。另亦指引去某超心理學大師處。

其母問：「有無辦法治癒。」

余回答：「可以，照命理上看來，在明年壬戌年癸卯月下旬後，漸轉康安，這是年病，並非宿疾，請放心。」

其母曰：「如果能治癒，那真謝天謝地。」

◎簡論命造

日元乙木，生於寒冬，偏印秉令，雙印齊透，又得劫財助身，日元極旺，七煞居日，以財為援，格成煞印相生，丙火太陽高照，坐下火庫，又得寅木為助，溫暖有餘，不致凍結，惜雙壬高透，又得羊刃居月令之助，酉金為源，欲熄丙火及寅中之丙，方見心甘；致寅木成濕木，欲燃丙火，反成心有餘力不足之嘆，皆因壬、子夾攻，無可奈何，欲求戌土財星制印，結果同一個鼻孔出氣，反屈服於偏官理法，面子上，氣洩在金轉生水，又丙火傷官雖坐火庫，其實氣洩在財，此刻又經酉金轉引，已失其抵定中流之效，丙火之微弱可知，一般或以為火庫即墓庫等於一個比肩，其實係洩氣幫其本身，若金逢丑墓，當取印星看。木逢未庫，當取洩我之財看。水逢辰庫，足可蓄水洩火氣，功用何止一個比肩，試觀喜用在火，逢辰無不遭殃即知。亦即取其正五行代表之六神解釋，辰土卻係例外，但忌逢戌去辰中水氣。

本例由以上分析，即知其平日內心受到壓抑之痛苦，積來已久，逢金年月生水傷火氣，一片寒凍之象，更激發其疾，冰凍無生機，意志低沉，心臟無力，心悸、心跳加快，神經過敏、腦神經衰弱等等，皆因丙、寅受傷。若以金年，官印相生或煞印相生看，置氣候因素於不顧，滿懷欣心等待權柄，勢將失算。又若以旺弱看，身旺宜洩或剋，或以分數計算，必然造成百思不解；一切命理之結構、解析，必須合乎自然原則，合乎五行的變化，合乎人事、習俗因地而制宜，方能洞澈天機。如同地理學，求自然之龍，立自然之向，因地而制宜。又若問何以平日內心即受抑制，只要以財為父，印為母，傷官為霸氣、我之思想，代入前述，配合八字，一一細看，即可瞭然於胸。似此返本歸原，反求諸己，以自然界五行變化，配合人事解剖，來龍去脈，呈現在前，何須外求神煞。如同：佛在心中，成佛在己，反求自己，大道早成，唯迷途知返仍須指引。

此症於醫學上屬於輕度的精神病，一般常見的是：憂鬱症及焦慮症；所謂憂鬱症就是：情緒受到外來事件的刺激，於內心造成憂鬱，而影響到身體精神的稱之。所謂焦慮症就是：情緒受到刺激，不惜發脾氣、打人甚至殺人，會有心跳、血壓高、臉紅、害羞等，在人群中常覺得有人批評他，使得自己沒有信心，有自卑感。而在八字命理上，本例屬於焦慮症。憂鬱症係內向的。焦慮症係外向的。分辨上亦很簡單，若傷官高透無論是否制化，因有勇氣發洩，屬於焦慮症，有制化的常在家裡發洩，如本例丙戌，丙火氣洩在戌土。無制化的如改為丙午（譬如），則對外、對內都發洩，一般看起來較嚴重。若傷官藏支，亦係對內發洩；若能對干支分內外，分明暗，熟悉運用，則對於個性及疾病其他事故上之判斷，必能分析透澈。若命局不見傷官只見食神，或不見食、傷者，乃憂鬱症，找自己發洩，會傾於自殺，當然皆須合乎病例之原則，然後才能依其個性，分辨屬於那一種傾向，此即分析病情，精深入微；又本例當傷官失去制化時，如丙戌逢寅、卯之月傷害戌土，丙火失去控制，會轉為向外發洩，此時又自不同。若大運轉忌，會嚴重到精神分裂，甚至意外死亡。

例二　頭部、腦神經之患(二)

乾造　民國四十九年九月三十日子時

比肩　庚子　傷官

八　戊　子　十三

十八　己　丑　二十三

正官	丁亥	食神
日元	庚戌	偏印
偏官	丙子	傷官

二十八	庚寅	三十三
三十八	辛卯	四十三
四十八	壬辰	五十三
五十八	癸巳	六十三
六十八	甲午	七十三

生於立冬後十日二時辰。

大運於六年六個月後上運。

每逢丁、壬年立夏後十日交換。

◎論命時間：民國七十一年甲辰月。

◎論命經過：

本造為友人之弟，素未謀面，亦未詳其情；某日心血來潮，請余將八字算一算。余曰：「他腦神經不好。」因為此類型八字，根氣太薄，往往非先天性之疾病，皆係幼年時，父母疏於注意，發燒過度，損及腦神經所造成，或醫生救治不力，無對症下藥形成；一般常見於目前之社會都類此，即工業社會加上高度科技發展的結果，空氣普遍受到污染，以幼兒受到侵害最重，由於抵抗力薄弱，首先遭殃的是：扁桃腺發炎引起發高燒，如同後述之「命宅合參」之「曼谷A型感冒」有相同之類似點。而有些家長不明究理，大都往內科、小兒科送，以致沒有對症下藥，延誤病情，有的人一天跑兩、三回皆難退燒。不過有的用點滴注射，補充水份，降低體溫，略見效果。最主要的是：扁桃腺發炎，當對症處理，往耳鼻喉科治療消炎，方為正途，（就事論事，余並非為其宣傳，請印證之。）這是時代的副產品，難怪有的人感嘆：現在的小孩，怎麼比過去難照顧，動不動就發高燒，搞得焦頭爛額，身心俱疲替客服務命相或業餘之諸先生、女士，逢此類型命例，或逢批閱幼兒之命造時，宜多示警，指示明路，勿以百日關或千日關之含糊詞句來應付，危言聳聽，則陰德漸積，蒼生之幸哉！

余以上文解說詳斷，果然如此，友人敘述了這一段家門鮮少人知的事：原來幼年發燒過度，損傷了腦神經，口水難禁，反應遲鈍，與其說話要很久才回答，且吞吐咬字不清，畢業於國中放牛班，目前可以經營販賣簡單的物品，不過貨物須父母為其準備。

◎簡論命造

本命例與例一之差別，在於：例一係逢歲運侵害，火熄寒侵。本例係剋洩交集，洩之太過，加上寒氣逼襲。

日元庚金，生初冬，食、傷洩秀，丙、丁高照取暖，水火輝映，取庚助身，惜氣洩在子，又逢丁傷；轉取戊土止水生身為用，奈濕泥偏重，隱伏危機，逢壬寅、癸卯之年，丙、丁雙熄，春棄其印，父母失慎，造成遺憾，凶象爆發，傷及智慧，皆因歲月屠殺，奈何。

命主於虛歲八歲立夏後十日方上運，行戊子大運，戊土用事，父母倍極照顧；而未上運前，命局戌印用事，參照月柱合論，月柱均剋洩，難以言助，生存條件唯賴戌印，若轉求祖上，庚金亦然心有餘力不足；剋逢寅卯得亥子之助，註定傷印，頓失憑依。加上寒氣侵擾，自然損傷。

例三　民國四十九年七月八日亥時

傷官	庚子	偏財
正官	甲申	傷官
日元	己丑	比肩
偏官	乙亥	正財

九	癸	未	十四
十九	壬	午	二十四
二十九	辛	巳	三十四
三十九	庚	辰	四十四
四十九	己	卯	五十四
五十九	戊	寅	六十四
六十九	丁	丑	七十四

生於立秋後二十二日。
大運於七年四個月後上運。
每逢丁、壬年大雪後二十二日交換。

◎論命時間：民國七十年癸巳月。

◎論命經過：

本命例比前兩造還慘，完全無自主之能力，連累父母受罪，與例二洩剋太甚，有類似點；批算本造，若未考慮其身心問題，述論其婚姻、事業、錢財……等，必將引入笑柄，自討沒趣。八字值得研究的地方，最主要的是歸納統計，合乎科學的原則，同地理風水一樣；若問題之探討申述，只是唱獨腳戲，必遭自然淘汰。可是批閱似此命造，算準了又有什麼用呢？誇了一聲：「準。」又能得到什麼，於事無補；又若於幼年壬寅、癸卯年再三叮嚀，千萬小心損傷腦神經，可是氣數難逃，還不是白說；所以有時候，我總希望寧願不準；覺得氣數難逃，算命是多餘，多此一舉。反而奉勸來客別算。又若改運有神效，那麼當你改運後，那「改運費」就不必繳了；也就是說，當你開始改運時，霉氣、損財正跟著您左右，正走霉運。

◎簡論命造

日元己土，生初秋，傷官洩秀，氣透天地；官煞齊透，甲己合而不化，皆因申中藏壬；取庚去甲，惜乙木得財生，近剋太過；喜丑土助身，奈氣洩傷官，又水劫偏王，濕泥太重，其氣虛脫，日元乏印生身，剋洩交集，坐下有丑，難以言從，苟延殘喘，不堪寅、卯一擊，剋洩過甚，註定腦神經受傷。命造欠印衛護，月柱又非善輩，初運癸未，癸水在虛歲八歲年底上運，亦非印星，長輩、父母之照顧微乎其微，祖上庚子缺乏誠意，難怪丑比惹禍因。

例四　頭部、腦神經之患㈣

坤造　民國六十八年一月十日午時

正財	乙未	正財	十	丁	卯	十五
			二十	戊	辰	二十五
食神	丙寅	比肩	三十	己	巳	三十五
			四十	庚	午	四十五

日元	甲辰	偏財	五十	辛	未	五十五
			六十	壬	申	六十五
偏官	庚午	傷官	七十	癸	酉	七十五

生於立春後一日九時辰。

大運於九年四個月後上運。

每逢戊、癸年芒種後二日交換。

◎論命時間：民國七十年戊戌月。

◎論命經過：

本例有相者，斷曰：「犯千日關」果然讓他包到。可是讀者您若查表，定查不到。本例《命理點睛》中的一個例子，有類似情形可參考之。

余斷本命曰：「近兩年來（庚申、辛酉年），流年不順，尤其在秋後至寒冬，去年甲申月後接連五個月，身體欠安，容易發燒，傷損神經；以年（辛酉年）丙申月後，情形漸加重，己亥月及庚子月有一劫數，父母責任極大，過此方能化險為夷。」

果然如斯言，近兩年發燒，如同家常便飯，均於秋後侵襲，內科、小兒科一間換一間，今年辛酉年變本加厲，丙申月後侵入，在戊戌月丙戌日發高燒，於台南某內科療治無效，次日丁亥日凌晨轉高燒，呈半昏迷狀態，於本日急送高雄醫學院急救，惜於此路程中，由於腦部嚴重缺氧，腦神經、腦細胞已傷損，終於在己亥月壬辰日晨逝世，氣數難逃，其父母前後花了將近二十萬元。試思：若相者能指引迷路，往耳鼻喉科察看，或許能改變氣數亦說不定；若只為了恐怕洩氣，而以「百日關」或「千日關」來嚇唬人，讓他包起來帶回去，我想你亦是不願這樣做的。當時來算，已極嚴重，站在命相之立場，最多只能說有一個劫數，過某月即化險為夷；即使知其壽命將終，亦寧頭讓來客認為我算不出，不願增加其心理負擔，有損陰德；更願如某相者之稱：其係來討債。即使是真的如此更不能說，以免造成陰靈與其父母之間產生仇恨。不過如果論斷進財、損財、升官余都會很爽快指出，降職例外。

◎簡論命造

日元甲木，生初春，月令得祿，丙透丁藏，溫暖有餘，財星通根有力，食、傷生財，一片祥和，唯庚金七煞輾轉相侵，引為禍源，幸坐下午火剋住，丙火護身，制化適宜，命局清新；不過嫌日元過於單薄，根株太瘦，印星藏於辰中，勁力不足，命局安祥，危機隱伏在申、酉之歲，斯財星見風轉舵，助敵攻身，庚金造反，辰中一點癸印，發揮不了作用，先擋後棄，逐月逼去，節節敗退，完全憑著一點意志午火搏鬥；戊戌月去其癸印，戊戌月未丁亥日，引進亥氣，挫其午火，意志崩潰，皆因亥印處置錯誤，病急亂投醫，若未路上缺氧亦無禍；平日不見印來關愛，疏忽難免，事到臨見，印星關愛過度反成劫。命中印星暗藏不明，大運初運亦未見，與前面例子皆有相似之處。剋洩交集，又擇於寒氣逼迫，天凍地寒之月日道別離，可見氣數皆冥冥。由本命例，讀者或有一點疑問，逢申、酉之歲，命局有午火衛護回剋，何以還會難逃劫數，莫非是筆者胡扯惑眾，其實寫這問題是多餘的，因為答案已詳述的很清楚，假若尚覺得不解，那剩下的只是流年、月、日之逼進法，終始法、論斷法，請細研書後「論流年秘訣」。

由例二至本例，讀者必有一個概念，所談論的都是——幼年發燒所造成。病理學的觀點來說：人體內若有發炎，必會有溫度上升之情形，嚴重的是發高燒。幼兒常見的有：夏季發熱的夏季熱。感受風寒或吹冷氣的扁桃腺發炎。食物飲食不當的腸胃炎。少見而由病毒感染的腦炎。及其他腎炎……等。據余相宅之經驗，一般得夏季熱之住宅，大都屋頂上有平台，而沒有架設如鐵厝之類遮蔽陽光的物體，屋內熱烘烘的；夏季熱與普通病發熱時間不同，普通在下午較高，早晨較低，夏季熱相反，早晨熱度較高，下午低。這種病天氣冷了，自然不治而癒，診斷上，若家有冷氣，置於冷氣室，溫度控制在十八至二十二度左右，一小時後體溫開始下降，五小時後體溫恢復正常就是。通常屋內若非如此，是不必擔心的；腸胃炎亦易判斷反而扁桃腺發炎，因屬於喉科，病患家屬往內科、小兒科送，以致延誤病情，判斷上若高燒不退，內科無效，就不是單純的感冒，或細察喉部是否發炎亦可得知，這是時代常見的副產品，一般住宅有冷氣的較易造成，其他沒冷氣的家庭亦不少。至於腦炎因有疫苗注射，感染者並不多。腎炎係血尿、血壓高及其他，判斷亦易。

例五　頭部、腦神經之患(五)

乾造　民國前四年二月十日亥時

食神	戊申	偏財
正印	乙卯	正印
日元	丙寅	偏印
傷官	己亥	偏官

九	丙辰	十四
十九	丁巳	二十四
二十九	戊午	三十四
三十九	己未	四十四
四十九	庚申	五十四
五十九	辛酉	六十四
六十九	壬戌	七十四
七十九	癸亥	八十四

生於驚蟄後六日八時辰。

大運於七年十個月十日後上運。

每逢乙、庚年小寒後十七日交換。

◎論命時間：民國七十一年癸卯月。

◎論命經過：

由前面諸例子，可知一事：凡八字剋洩太過的，會有損傷頭部、腦神經之患。一般合理皆以金為腦神經，足見差異甚大。凡此剋洩太過的，其實不此如此，尚有尋短見，想自殺之心態發生，甚至造成事實，相者宜留意此類型八字，逢歲、運損傷過度，宜多示警、指引迷途，莫隨聲附和，減低生存意志，則功德無量。更甚者趁其意志消沉、薄弱之際，危言聳聽，藉機歛財，有損陰德，因緣果報，徒然自招。

剋洩交集，在幼年謂之：留意發燒損傷腦部。求學時期謂之：用腦過度，讀書所致。踏入社會謂之：操煩勞累過度，求財所致。本例老年謂之：機器磨損過度，記憶衰退，腦部失去控制，行動有礙。一般除了幼年不懂事外，其餘逢歲、運剋洩太過，都會有意志消沉，尋短見之舉，此種例子見過不少，而自殺之方式，依其個性不同而異。

本例命主，歷經庚申、辛酉年，春初進財，秋後欠安，殘傷寅、卯，一年兩變，謂之吉凶參半，先吉後凶，秋後肝臟及心臟乏力皆於命上呈現，尤其庚申年己丑月後，大運轉入戌土，生財傷印，亥水受到抑制，辛酉年丙申月後，長臥病床，至壬戌年甲辰月後，漸有起色，但腦神經卻仍未復原，行走之時，腦神經會失去控制，由慢走轉快奔，無法停下來，思之相當可怕，尤其老年人，若未能逢人拉住停下，必然造不成良後果。

◎簡論命造

日元丙火，生仲春，母旺子相，印綬大通根，日元不弱；食、傷洩秀，排列順當；唯財星暗藏，卯申暗合，卻因戊土生財，反成財星傷印之憂，取煞生印，與之相抗，皆因其位不當，否則財官印一氣相生，豈非美事，此即富貴高低之分野；又己土濕泥蓋頭於亥，得乙木有力反制，終無須顧慮亥水之被傷。全局而言，唯財星伏藏，引為所忌，再逢財來傷印之年，根株遭殃，剋洩交集，丙火受晦不彰。今逢庚申、辛酉之歲，先於春季得庚、辛之順洩戊、己之氣，售屋得財，但已伏乙木受傷，勞累過甚之危機。又於秋後連傷寅、卯，雖有亥水引化，病勢已漸加重，至戌、丑之月棄煞生財傷印，病況危急，以辛酉之歲較重，皆因庚申係剛萌生引發，辛酉卻已成宿疾，自然病勢加重，主因仍在寅、卯，且庚申年底，戌運登門欺亥，寅、卯更失憑依，引財入室，印星盡傷，疾病囊括：肝、心臟乏力、腦神經、體力減弱易感冒。

由本例亦可看出，若欲說明喜、用神之五行，當以天干、地支來劃分金、木、水、火、土，亦忽以旺弱、算分數強弱來求喜、用神，當以天干、地支共二十二個字代入八字裡，來求忌神係何者，以便「對症下藥」。算流年之好壞，不止看今年，前後幾年及十二個月都要細看。

例六　心臟病、十二指腸之患(一)

乾造　民國二十五年八月九日丑時

正印	丙子	偏財
偏印	丁酉	食神
日元	己酉	食神
偏官	乙丑	比肩

六	戊戌	十一
十六	己亥	二十一
二十六	庚子	三十一
三十六	辛丑	四十一
四十六	壬寅	五十一
五十六	癸卯	六十一
六十六	甲辰	七十一

生於白露後十五日十一時辰。

大運於四年十一個月後上運。

每逢丙、辛年立秋後十六日交換。

◎論命時間：民國七十年丁酉月。

◎論命經過：

本命主耳聞，筆者相宅之能力，與眾不同；當時其身體欠安，累積經年，藥石無效，懷疑係住宅有問題，存著一試之心，滿懷希望。余斷其住宅，問清楚搬來居住之時間，知僅半年時光。於察地運後，逐月細算，發覺煞氣尚未侵入，須數月後方可現，坦白說明，並指出會發生的問題，身體欠安，係原先舊宅帶來，有的則是八字命運氣數所造成。余述後，命主面露不過爾爾之表情，或許以為係余搪塞之詞。余遂主動提出，算八字以觀是否命運之因素。當排好八字時，余心裡即己有數，直接指出曰：「您近兩年（庚申、辛酉年）來勞心勞心，腦神經衰弱，記憶力衰退，心臟虛弱無力，十二指腸有問題。尤其是今年（辛酉年）的壬辰，癸巳月，須於明年甲辰月方逢貴人助，漸轉安康。」

事實果然如此。因其日夜為事業操心，用腦過度，腦神經有損，有頭痛之感，心臟無力，好像馬達沒力了，貧血之狀。另於十二指腸部位有異狀，但醫生檢查不出。由本命可看出，近兩年來情形加重，係過去幾年來飲食不正常，勞累過甚所引起，是典型的勞碌命閒不得，流年走火、土、木愈吉，結果愈勞碌，但走地支之巳、午火則有刑剋，未必為吉，亦即分判喜用之五行，當以天干、地支等二十二個字為主，勿只劃分金、木、水、火、土，方能探討細微；其本人行運於七十年立秋後十六日後，走入壬寅大運，壬水用事，流年庚申、辛酉已傷乙木，得丙、丁衛護乙木，至壬水侵臨，撲熄丙、丁，雙殺出局，加上流年申、酉邀集命中雙酉洩丑土，雖得子水稍洩金氣，卻在辛丑月合住子水，斯時意志消沉可見，父親逝於該月。

◎簡論命造

日元己土，生仲秋，雙酉洩秀生財，乙木七煞近剋，坐下得丑中癸水為根，子水為源，煞力不弱，若非子水枝卻難繁茂，得丙、丁透，假煞生權，唯丙火坐下子水，其力有損，霧氣繞空遮陽，自救不暇，難以發揮大作用。不過命局各得其位，不相妨礙，煞印相生，命格清純，亦逢時運，任郵局局長；若未逢時運之煞印相生格，其貴氣自又不同。身元洩之太過，亦係勞碌生財之徵，雖帶橫財於支，卻無不勞而獲之福，中彩金無緣。命上印、比為生助之源，重情惜義，事親盡孝；食神洩秀，不見傷官，為人隨和，人緣極佳，雖在其位，並無傲氣；財星暗藏，又得食神生，財富多寡不欲人知，非張揚海派之輩，投資事業寧居幕後；對財妻事事忍讓，又無傷官暗藏於支，家中和睦其情可知，唯一缺點是子財與丙印格格不入，母、媳難完全融洽，幸上下相隔非近身相見，倒也相安無事，不過夫妻稍見爭執，此亦其因。今逢辛酉之歲，丙辛合化水，丙火化壬水侵丁，火氣頓滅，此乃病源，辛金因坐酉，後力十足，雖合卻不化；丙火坐子化之因，若丙午又不同。

例七　心臟病、十二指腸之患(二)

乾造　民國十五年十二月十五日卯時

偏財	丙寅	食神
正印	辛丑	正官
日元	壬子	劫財

八	壬寅	十三
十八	癸卯	二十三
二十八	甲辰	三十三
三十八	乙巳	四十三
四十八	丙午	五十三

五十八　丁　未　六十三

劫財　癸卯　傷官　　六十八　戊　申　七十三

生於小寒後十一日七時辰。

大運於五年十一個月二十日後上運。

每逢丁、壬年小寒後二日交換。

◎論命時間：民國七十年丁酉月。

◎論命經過：

本例與上例有相似之處，但本例係生於寒冬，命中之火氣更形重要，日元同樣失令，命局助力較弱，對照自能瞭然。愚斷其近兩年來，尤其辛酉年秋丙申、丁酉月，心臟虛弱無力，全身筋骨痠痛，十二指腸之患。正如斯言，唯十二指腸之部位疼痛，醫生同樣檢查不出。依一般推論，近兩年逢印星之年，官印相生，當有一番鴻圖大展才是，何以反多困頓，正行午運，卻逝於辛酉年辛丑月。可見氣候因素之重要，寒冬火熄，炎夏水枯，盡皆違背自然。

◎簡論命造

日元壬水，生於季冬，官星秉令，得劫財羊刃幫身，印星生身，官印相生，惜丙辛合而不化，印星反有損傷，蓋丙火坐寅，生機勃勃，豈肯化水，自然不願拋棄忘本。辛金亦同，坐下丑土印生，根基豐厚，且又當令，豈肯化水，自然合而不化。丙辛相攀，表面上和睦相親，其實格格不入，互有相爭，可見其母懷胎命主時，父母之不睦，事有爭端。取食、傷制官為喜，而官星受到引化，亦有剋制，貴反而不清，日元氣弱，註定一生勞碌生財。今逢庚申、辛酉秋後，寅、卯根株皆殘，丙火失去援助，申、酉喧賓奪主，再經辛酉激合於丙，丙火頓熄，一片寒凍逼人，欲借官生權，卻遭時運寒氣凌人，空具才華，有志難伸，鬱鬱不舒，終致引發宿疾。辛丑之月再來邀合，月末引進壬氣遂棄丙火。若謂大運午火有衛護之功，免寅、卯受傷，豈料子午衝突，有傷元氣，積來已久。

例八　眼睛之患㈠

乾造　民國六十八年十二月十七日寅時

傷官	己未	傷官
劫財	丁丑	傷官
日元	丙午	劫財
偏財	庚寅	偏印

十一	丙子	十六
二十一	乙亥	二十六
三十一	甲戌	三十六
四十一	癸酉	四十六
五十一	壬申	五十六
六十一	辛未	六十六
七十一	庚午	七十六

生於小寒後二十七日八時辰。

大運於九年二個月二十日後上運。

每逢甲、己年清明後十八日交換。

◎論命時間：民國七十一年甲辰月。

◎論命經過：

本命月令傷官用事，又見傷官居年，不見控制之物，亦無官星制身，將來長大，敢說敢做敢當，商場縱橫，雖見駿發，人緣上恐難完美，中運癸酉、壬申有逆。

愚斷其七十年秋丙申月後，胃腸不暢，己亥、庚子月眼睛有疾，尤其右眼較嚴重。果然不錯，眼睛不知何故受到感染，雙眼腫得好大，其弟受其傳染，眼睛亦腫起來，八字如下：庚申、丁亥、乙未、癸未。

以其命造而言，命局清新，壞在行運，幼年身體尚屬於新機器，故寅木斷眼睛。年、月為左，日、時為右（此訣得自《神秘命運》——歐陽玠前輩著。）又天干為皮、表。地支為臟腑。即天干為外傷，地支為內傷，但日、時支若為用而受傷，主正中央胸腹背等。而寅木居時在右，一生會因易怒，勞碌失眠，飲酒失制，損傷肝臟，當然須逢申、酉之歲引。

◎簡論命造

日元丙火，生寒冬，傷官洩秀又通根；得丁火幫身，寅木生身，日元雖弱，倒也配置適當，雖庚金蓋頭於寅，得丁火制之，亦無妨礙，命局清。又不見官星，一生行事不重權柄，淡薄權位，錢財愈多愈好。丁透午藏，加上傷官太旺，交友重義氣，寧為朋友、手足之事出力、犧牲，而與上司起衝突，在所不惜，急性容易衝動，話藏不住，此種個性，行商成就不凡；今逢庚申、辛酉，先傷寅木，再於亥、子傷午，寒氣侵入，終有損傷。

例九　眼睛之患(二)

坤造　民國十六年三月二十九日寅時

傷官	丁卯	劫財
比肩	甲辰	偏財
日元	甲午	傷官
食神	丙寅	比肩

三	乙巳	八
十三	丙午	十八
二十三	丁未	二十八
三十三	戊申	三十八
四十三	己酉	四十八
五十三	庚戌	五十八
六十三	辛亥	六十八

生於清明後二十四日一時辰。
大運於二年二個月二十日後上運。
每逢甲、己年小暑後十四日交換。

◎論命時間：民國七十一年壬寅月。

◎論命經過：

命理學種種發現，最主要——是在於統計，由眼睛之患至肝臟之患，皆可看出，惹禍的皆是寅木，喜用受制；可是毛病卻未完全齊一，如本造斷六十九年甲申、乙酉月手足筋脈受傷，步行不易，但可行走。七十年丙申月後，患眼疾，多年勞累失眠所引起，即肝火過旺，結果六十九年搬東西，不慎扭傷。七十年患青光眼，左眼較重，眼壓太高，致眼球後壓，神經有損壞，看東西外圍有彩色光圈。當時煩憂是否開刀，又怕併發白內障。余曰：「今年（壬戌年）癸卯月末後，若不開刀，就不會再開刀了。以後逢貴人助，漸轉無礙。結果過了癸卯月，至目前己酉月止，均未開刀，在甲辰月以藥物（西醫）控制，至乙巳月末方穩定，可是仍須以藥水控制，以防孔道被堵塞；在此之前，中藥治療，有的中醫言詞甚誇張，保證又保證，似乎言之過早；當然中藥治本，以調整患者之生理機能，奠定以後西藥控制亦有功勞。

一般似此病情，都以治理腎臟為首要，可是在八字命理學上，顯現的是肝功能失常，其多年來常熬夜至凌晨三、四點才睡覺，日日如此，而人體內火氣最容易浮升的是寅時上半段，熬過夜的人都知道，逢此時刻若未就寢，會有口乾、舌苦，眼睛乾燥張不開，積久成弊；尤其工商界的朋友，上大夜班，熬夜不睡，若空著肚子，胃酸會分泌過多，積久侵蝕胃腸及肛門，有食慾不振，便血、內外痔之患。而於次日，由於腎火、肝火過旺，有睡不著或愈睡愈累之反常現象，這是目前社會的文明病，一般中藥有退肺火、腎火、肝火，可茲運用。本文或可供中醫師參考，進而有所突破，造福蒼生。」

◎簡論命造

日元甲木，生季春，財星當令，食、傷氣旺，不見官星，顯示個性不讓鬚眉，一般以夫宮坐傷官為婚姻不順，本例可答對了；事實上係命上傷官通根，行運婚嫁之午運及丁運所造成，若然命上夫星強而有力，即使夫宮係傷官又有何妨，婚姻多口舌，婚變離異卻又未必。本造後來為了兒女離異後即未再嫁。命局寅卯為用，丙丁為喜，八字皆為喜用，命格清純，亦有一貴。唯忌逢申、酉之歲，根株砍伐，雖有午火衛護，逐月侵入，亦見損傷，何況有辰土轉洩生煞。

本例若見寅卯受侵，起因日元弱，勞碌、失眠所累積，機件故障，注定於凶年整修，吉年藉之生財，此自然之法則，沒有機件能永不故障的，何況肉體乎。層次分別，若小孩因無熬夜工作之因素，故主腸胃。坤命氣弱，故主勞碌致禍，似此細察自酉運以來即知，滴滴皆是血汗錢。

例十　眼睛之患㈢

坤造　民國二十七年十一月十二日寅時

劫財	戊寅	正官
正官	甲子	偏財
日元	己亥	正財
正印	丙寅	正官

九	癸亥	十四
十九	壬戌	二十四
二十九	辛酉	三十四
三十九	庚申	四十四
四十九	己未	五十四
五十九	戊午	六十四
六十九	丁巳	七十四

生於大雪後二十一日。

大運於七年後上運。

每逢乙、庚年大雪後二十一日交換。

◎論命時間：民國七十年丁酉月。

◎論命經過：

本例余斷庚申年甲申月有意外之災，在乙酉後身體欠安，尤其在丙戌月，眼睛之患。果然如此，眼疾開刀（雙眼）。何以「例九」係於七十年眼疾爆發，而本例卻在庚申年，又辛酉年如何呢？這個問題您必然存疑。相差一個字卻差那麼多，其實容易。例九寅卯分居左右，庚申年寅申沖，卯申暗合雖欲其去，卻無法盡全力，先於庚申年去其寅木，再於辛酉年卯酉沖去卯木，此乃年之逼進法，再次亥月去其午火，此又月令之逼進法，綜合數年觀看，察其發生之來龍去脈。

綜合月令觀看，知其侵襲之月。而本例支藏雙寅，於庚申年甲申月令，驛馬催動，一申沖兩寅，一個人揍兩個人，揍的鼻青臉腫，才有亥子之引化，車禍之災自然不甚重，然續有丙戌月令去其亥子，雙寅終於不敵一申之拳頭重，加上甲木早已受傷，丙火氣熄微弱可知，況且大運辛酉、庚申侵入已久，可見勞碌累積已非近兩年之事。至於辛酉年雙寅亦殘，丙辛苦，火氣微弱更甚，意志消沉之事，傷心之情必然發生，果然丙印之故，父親逝於辛酉年辛丑月，嫁夫市府官員，同「例六」係兄妹之親，可見祖墳山龍格局，蔭生政府官員，並無差異，循序漸進，卻非如水龍之競選花費而得。又觀印星並非全是母親之專利品，於焉可證。當然金生水旺，卻不能忽略。

◎簡論命造

日元己土，生寒冬，日月皆財，官星通根，甲己合而不化，只因甲木坐子，資金雄厚，不容棄之。全局賴丙火印星調候，官印相生，唯亥子傷及寅中之丙，終損貴氣，取戊幫身分財，卻嫌遙隔，行運未午登峰造極。日元過弱，勞碌之徵，加上辛酉年，丙辛合去，不止意志消沉，心臟虛弱無力，亦有顯示。本局弊病在財伏藏傷寅中之丙，若逢戌、未燥土之年月，去其弊端，富貴自然雙全。又食、傷命中不見，難怪和睦、平易近人，然行運卻忌逢之，恐怕將來難安享食、傷兒女之福，全仗夫星之力。

例一一　肝臟之患(一)

乾造　民國二十九年一月十四日寅時

偏官	庚辰	偏財
偏財	戊寅	比肩
日元	甲午	傷官
食神	丙寅	比肩

五	己卯	十
十五	庚辰	二十
二十五	辛巳	三十
三十五	壬午	四十
四十五	癸未	五十
五十五	甲申	六十
六十五	乙酉	七十

生於立春後十五日十一時辰。
大運於四年七個月二十日後上運。
每逢甲、己年寒露後六日交換。

◎論命時間：民國七十年庚子月。
◎論命經過：

此例與前面數例，皆有跡可尋。余斷其近兩年來（庚申、辛酉年），流年不利，尤其皆在秋後，六十九年在甲申月，受兄弟手足之連累，損財連連，並犯官符、票據法，意志極其消沉，在丁亥、戊子月連連爆發事端見官，煩憂過度，加上多年勞累，引發肝臟欠安。又於七十年丙申月後，受知己朋友連累，損財連連，己亥、庚子月爆發犯官符，但比較起來，六十九年較倒霉，亦官符較嚴重，而且此兩年於春後常與一些政府官員交往，但兩年之官符，均有貴人化解，沒有牢獄之災。果然如此。

原來在六十九年甲申月，受其兄長連累，被倒了八十餘萬元，於丁亥、戊子月見官上法院，幸得貴人助。又於斯時入院肝臟開刀，割去一大塊。又於辛酉年，丙申月後受知己朋友連累亦於斯時犯官符，己亥、庚子月爆發；不過辛酉年之事，卻係心存感激而報答，原來過去其逢逆境時，那位朋友夠義氣，全心全力幫助他度過難關，此番有困難，自然伸出援手，為友損財沒有錯，其中卻有一段因緣存在。而常與政府官員交往，係因此結識了法院推事，交為朋友。其本人經營五金鐵工廠，愚示其近幾年來，地運逢忌，尤其在七十二年下半年庚申月後，事業宜守，勿擴大經營，以防斯時世界經濟不景氣陷入最低迷，當然上半年度就得留意。其經營外銷生意，年月寒氣逼入，有志難伸，恐怕將受波及，難逃劫數，唯一化解之道，於七十二年上半年度，宜部份轉入內銷市場，並且經營上勿擴充，但求無過不求有功。

◎簡論命造

窮通寶鑑於本例有一段話：正月甲木。初春尚有餘寒。得丙癸透。富貴雙全。癸藏丙透。名寒木向陽。主大富貴。倘風水不及。亦不失儒林俊秀。如無丙癸。平常人也。

本造丙透丁藏，得根於寅，溫暖有餘，癸藏於辰中，結木小學畢業，經營五金小工廠，財富一千萬元以下，目今而言，並不突出滿街是。可見該書做參考可以，卻非一概而論，但若欲深入，卻需實例多看多歸納。

日元甲木，生於初春，月提得祿，時支又得一寅，丙午得寅之生，太陽高照，甲木生機勃勃，又得財星引化食、傷之氣，一團和氣圍繞；唯庚金七煞透出引以為憂，命中欠印假煞生權，欲取食、傷管制，卻反生財滋煞。辰中癸水作用不大，全賴雙寅唯生，寅比為用，成於斯敗於斯，早已成定數，福害唯待歲侵。逢甲、酉之鄉，一申沖兩寅，又得辰土之助，寅比惹禍，砍的樹木東倒西歪，雖曰一生得雙寅之助，交遊廣闊，引以為榮，引以為生，遭甲、酉之鋸截，豈能無禍；此月圓月缺，佛教曰：因果關係之故；若謂午火保護當無礙，那前例所述又須重看。

例一二　肝臟之患(二)

坤造　民國十年十月十三日寅時

食神	辛酉	食神
比肩	己亥	正財
日元	己卯	偏官
正印	丙寅	正官

十	庚子	十五
二十	辛丑	二十五
三十	壬寅	三十五
四十	癸卯	四十五
五十	甲辰	五十五
六十	乙巳	六十五
七十	丙午	七十五

生於立冬後三日十時辰。

大運於八年七個月十日後上運。

每逢乙、庚年芒種後十四日交換。

◎論命時間：民國七十一年乙巳月。

◎論命經過：

該月乙酉日，遠從嘉義來訪，當然事先已有連絡。余斷曰：自六十九年甲申月後，及七十年尤其在秋天，眼睛不好，尤其肝臟之患，此一年半以來，皆難逢良醫根治，一直到今年壬戌年甲辰月，方遇到貴人，病情才漸轉安康。果如斯言。

以本例與前面肝、眼之例子，可得知命局之寅木，都居於日、時支，即右邊，正合乎肝臟在人體之右側，此左、右方之斷法，於下集意外之災難傷在左足或右腳，可得明證，又若喜用之寅木在年、月支，受太歲之侵，卻只能斷曰眼睛之患。本例於七十年丙火受傷，寒氣加重，歷經壬戌年之壬寅，癸卯月，斯時再加上心臟虛弱無力，無精打采，意志消沉，腦神經衰弱，要整修與故障還不少。

◎簡論命造

日元己土，生初冬，財星暗藏，食神洩秀生財，財滋官煞，官煞上生印星，轉生日元，命局一團祥和之氣，唯一缺點，日元坐煞，制化無力，全靠丙火生身，己土助身與其相抗，但無殘障之疾。今欲傷丙火，必先砍伐其根，以斷其援，將其孤立，方可一舉成功，若欲己土，必先衝入辛金及丙火之外圍，防守綿密，侵害不易；若從地底寅、卯衝入，暗殺亦有一傷。今逢庚申、辛酉接連去其寅卯，丙火方見崩潰，日元失恃，必然遭殃。一般皆謂取喜用神，結果公婆之理卻不同，愚謂：於歲運中找忌神即知。由前數例流年可證，須調候之月在：亥子丑寅月。

例一三　肝臟之患㈢

坤造　民國三十八年八月十二日寅時

傷官	己丑	傷官	三	甲	戌	八
			十三	乙	亥	十八
正官	癸酉	正財	二十三	丙	子	二十八
			三十三	丁	丑	三十八

日元　丙寅　偏印　　四十三　戊　寅　四十八
　　　　　　　　　　五十三　己　卯　五十八
偏財　庚寅　偏印　　六十三　庚　辰　六十八

生於白露後二十四日時辰。
大運於一年十一個月十日後上運。
每逢丙、辛年白露後五日交換。

◎論命時間：民國七十一年癸卯月。

◎論命經過：

機器會故障，乃平日疏於保養或年久月深，受到侵蝕所致。人同此理，會發生疾病，係平日生活不正常，保養（營養）不足或年老體衰，受到累積侵害所致。愚嘗曰吉年乃享受成果，凶年乃磨練經驗；以疾病例子言，當曰吉年乃靠身軀之體發財做事，凶年乃停機修理。

本例排後，一看即知，忌神在逢甲、酉之歲月，連根拔起，但讀者若以為一申不能沖兩寅，或逢沖愈動愈吉，那就只有失算。所謂沖就是：與之絕交、撕破臉、打架之類似含義。所謂合就是：與之攀交，作朋友，常來往之類似意義。沖有好壞之分，若沖去忌神則為吉，沖去喜用卻為凶。合亦同理，合去忌神則為吉，合去用神反為凶，合包括三合、六合。若沖則其人元之字皆棄，如本例寅申沖，不僅甲木受傷，丙戊亦將丟棄不見。好像一申大人揍兩寅小孩，打的面孔發青，落荒而逃一樣。

命主於近兩年（庚申、辛酉年），自庚辰月後，即可看出，催促性生活頻繁，可是此類事情卻不能當面印證，但可於他例婚緣上看見。又加上勞碌之命，自甲申月後，先見車禍，後見肝臟欠安，寅中之丙小腸惹禍，飲食失常種下肝火虛旺，積久成弊，於癸卯月來論斷時，滿臉都是面皰，醫生不知已看過多少。原來其飲食失調，肝臟機能虛火旺，失眠容易疲勞，加上飲食喜歡加上「紅糖」，致肝火更旺。余示其換「白糖」調味，於甲辰月可遇貴人，最遲丙午月可痊癒。

◎簡論命造

日元丙火，生仲秋，財星用事，又得傷官之生，財氣十足，唯日元退氣，賴雙寅生身燃火為用，最忌根拔，遂失根本，天干癸水得財之生，神氣活現，得己土傷官制之，不至造反，今逢庚、辛天干為媒，癸水終失控制，侵害己身，面皰漸生，再逢甲、酉傷殘，豈可無禍。若謂大運子水當運，可引化財氣，其實盛怒之下，先揍再來勸架，於事不無小助，然子水卻想侵害寅中之丙，得丑土合住，子丑化土，皆因干丙，再於丁酉月初，大運轉入丁火，根株盡毀，歷經壬寅、癸卯月再撲丁火，加上辛酉之氣尚未盡，根部仍腐，難怪名醫成庸醫，誰知係時運之因素，再得「紅糖」之刺激，自然肝患一月拖一月，就是華陀再世也要被氣死。

肝患之實例，三個細細比較，可知悉何以獨有例十一有開刀之患，其餘兩個卻沒有，讀者若有研究之興趣，可先翻閱前面比較之，且慢觀看後文。

其實很簡單，三造同遭申、酉之侵，只因例十二命中有亥水得酉助而生水，雖逢丙戌月及戊戌月之剋亥，過此木仍有生機。例十三則係大運子水之故。而例十一卻有命上之辰土及午火，加上大運午火來洩氣，氣息早已微弱。

例一四　肺部、呼吸器官之患(一)

乾造　民國四十二年三月十七日巳時

食神	癸巳	正官
正官	丙辰	正印
日元	辛亥	傷官
食神	癸巳	正官

九	乙	卯	十四
十九	甲	寅	二十四
二十九	癸	丑	三十四
三十九	壬	子	四十四
四十九	辛	亥	五十四
五十九	庚	戌	六十四
六十九	己	酉	七十四

生於清明後二十五日。

大運於八年四個月後上運。

每逢丙、辛年立秋後二十五日交換。

◎論命時間：民國七十一年己酉月。

◎論命經過：

感冒在亞熱帶地區，是極普遍之事，命理上通常以辛金為肺，可是愚亦曾看過甚多命造，並不一定感冒是辛金的專利品，而且有感冒在流行時，其必跟進迎合時代潮流，似乎藥效無法抵擋病菌之感染，相者論及此時宜留意。當然亦有係住宅的因素，譬如：床舖位置擺放不慎，將頭部靠近窗戶下，或靠近房門邊。因為睡覺時毛細孔會放鬆開更大，或室溫高而張開，在台灣地區常早晚溫差大，若門戶不注意，就容易感受風寒，這是地理環境所造成的特殊因素，亦有納氣地運所致，請詳「命宅合參」。

本例斷六十七年戊午年，炎夏後數月受感冒之威脅，果然如此。原來當時感冒長約四個月，其中歷經癒後再患。從最初之輕症服藥即癒，培養壯大了細菌之抵抗力，反而減低了自身之抵抗力，完全藉著藥物，結果藥物愈服愈重，癒後不久一受傳染，就跟著流行，苦不堪言；後來得一友人之提醒，再受感染時，放棄藥物治療，補足水份（開水加少許鹽及糖，每五杯放一次，喝至排尿似清水，至痊癒止。）及多休息、補充營養，漸漸培養抵抗力，雖然癒後仍有二、三次再受侵襲，但仍以此法相抗，終於在體內培養了強勁之抵抗力，到目前為止，很少再受到感冒的侵害，最多來個一、兩下噴嚏；由此可見，感冒並無特效藥，須培養本身的抵抗力才是正途，老年人卻不適合應用此法，蓋咳嗽起來，恐怕身體支持不了。相者於此類常識若多一分了解，則來客就多一分希望，難怪玄學為山、醫、命、卜、相等五術，是連貫一氣的。

◎簡論命造

日元辛金，生於辰月，丙辛合化水，皆因丙火坐辰龍水庫，辛金日元仍是辛金；一般以為辛金坐亥水，受合亦須化水，本末倒置，忘了我是誰，失去立場；猶如地理學上，穴場易位，納氣則不清。又如天文學上，太陽易位，則整個太陽系將失去平衡。又如倫理上，行中庸之道，若陰陽不分，忘了自己，就如同發瘋。亦即日元不論合化與否，辛金還是辛金。本造巳亥沖去巳火，年支巳火得癸水蓋頭，辰土洩火氣，制化皆宜，又得食、傷洩秀，典型之化氣格但格局稍損。化氣格最忌解開合處及傷秀氣。本命主於六十六年丁巳年，在乙巳月後秀氣即損，丁未月再傷辛金，壬子月傷丙破格，於壬子月損財上當。戊午年於炎夏丁巳月末催促，引入戊氣，戊癸合化火，雙癸因坐巳火，強勁有力，其勢必化火，雙雙攜手剋入辛金，五行失去中和，再加上秀氣無法流通，呼吸不暢，累受感冒之患，流年困頓可知；己未秀氣仍有阻，庚申、辛酉之歲合住巳火，加強元神，得子，得財雙雙而來。另一化氣格，乾造乙未、庚辰、辛亥、丙申。行丁運壬戌年亦將損耗。

例一五　肺部、呼吸器官之患(二)

乾造　民國四十年七月二十七日巳時

比肩　辛卯　偏財　　八　乙　未　十三

正官	丙申	劫財
日元	辛丑	偏印
食神	癸巳	正官

十八	甲午	二十三
二十八	癸巳	三十三
三十八	壬辰	四十三
四十八	辛卯	五十三
五十八	庚寅	六十三
六十八	己丑	七十三

生於立秋後二十日八時辰。

大運於六年十個月二十日後上運。

每逢戊、癸年小暑後十一日交換。

◎論命時間：民國七十一年丁未月。

◎論命經過：

化氣格，以辛金而言，食、傷愈多，秀氣愈流通，再有財洩，富命必然；但化氣格忌者如上例所述，若逢壬年秀氣流通仍吉，除非似乙未年生之造，先丁運傷殘，壬年引發受騙損財，亦因戌土之故。本例化氣成格，丙辛雙合，丙火坐申金，滋生水源，其勢必化；年辛因坐卯，水氣欠缺，故而不化，亦即不可以為別人跟你交往，就是想幫忙你，須看其地支帶來多少誠意，由內心所發而定。六合亦同，端看天干外表帶來多少笑容而定。如戊子、乙丑則化。

命主丁巳年丁未月受意外之災，遭高溫鋁汁爆炸所傷，噴得傷痕累累，幸皮肉燒傷，未成殘廢。上例則騎車撞傷車子，身體無恙。感冒之情相同。但後來演變則又不同，本例經不起感冒傳染，一受感染，肩桃腺就腫起來，吞食困難，苦不堪言，醫生欲割棄扁桃腺，其又心意未決，難以下決心，每次感冒都得服藥，前述方法反而不能用。今年壬戌年丙午月戊寅日後，再受風寒兩星期之困，上例則無礙。又斷庚申、辛酉被借財，君先思之，下冊再談。

◎簡論命運

日元辛金，月提得令，丙辛化合，癸水洩秀生財，命局無霸氣，又有丙官來合，為人平易近人，遵守理法，雖有喜神財星之藏，卻不致胡言戲弄財女；逢戊之侵，癸水棄甲投敵，忘卻恩義，倒戈相向，只因化氣一點，受阻不暢，故而比上例還嚴重；病情五行看法，變格與正格相同，綜合參看，並非獨成一法，五氣流通最重要並分旺弱。

例一六　肺部、呼吸器官之患㈢

乾造　民國三年五月二十五日酉時

劫財	甲寅	劫財
正官	庚午	食神
日元	乙亥	正印

八	辛未	十三
十八	壬申	二十三
二十八	癸酉	三十三
三十八	甲戌	四十三
四十八	乙亥	五十三

五十八　丙　子　六十三

六十八　丁　丑　七十三

比肩　乙酉　偏官

生於芒種後十一日十時辰。

大運於六年六個月十日後上運。

每逢乙、庚年大雪後二十二日交換。

◎論命時間：民國六十九年秋。

◎論命經過：

本命主因肺癌逝於七十年辛卯月，但在兩月前己丑月，漸漸消瘦，才去檢查發現出來，事前並無異樣，辛卯月均賴氧氣幫助呼吸；依照命理所見，唯有丁火大運逆損，才有此情。其實若詳細探求，便知此症積來已久，屬於併發症。日元失令，氣勢偏弱，注定一生勞碌；與友合夥汽車工業，少休少眠，先於戊午年喪妻，後己未腎水失調，庚申再傷筋脈，肝火更旺，盡皆勞碌得來，加上流年困頓，受友連累，尤其下半年後，歷經變故，意志消沉可見，煩憂含恨而去，肺癌之患顯係丁運所致。若本例與例二十腎患比較，當可明瞭大運之力量，亦知壽終之疾病決定是屬何者，而事實平日累積卻未必如此，可見人器官之關連。

◎簡論命造

日元乙木，生炎夏，賴比、劫幫身，亥水調候，水火既濟，藉金生水，缺一不可，唯乙庚合而不化，庚金傷殘甲、乙，反為不美，乏壬癸引化，取午火相制，終隱其憂；再逢財滋官煞之年，為財所誘，付出心力，累傷甲乙筋脈，勞累過甚，積久成弊，隱伏其中；更得己未之年，亥水損傷，病狀叢生，皆因財字。歷經庚申滋助官煞，比、劫皆傷，先於庚辰月令傷甲，次於甲申沖寅，再歷丙戌傷亥、子，丁亥撲午火，轉至辛酉年，辛卯月令引辛傷乙，終致壽終。其於寒冬戊子月令，轉入丁運，徒洩乙木之氣，斯時氣息低微，豈堪再引辛傷乙。

例一七　脾臟之患

坤造　民國十三年八月十二日丑時

食神	甲子	劫財
劫財	癸酉	正印
日元	壬辰	偏官
正印	辛丑	正官

二	壬申	七
十二	辛未	十七
二十二	庚午	二十七
三十二	己巳	三十七
四十二	戊辰	四十七
五十二	丁卯	五十七
六十二	丙寅	六十七

生於白露後一日十時辰。

大運於七個月十日後上運。

每逢乙、庚年清明後十二日交換。

◎論命時間：民國七十一年癸卯月。

◎論命經過：

脾、胃在命理五行屬土，皆位於人體腹部之左方，可是論斷上要如何分辨呢！一般以己土為脾，戊土為胃；然而本例胃腸之患，卻未必依此原則，讀者細觀便知。依照人一生之比例，胃之患不知高出脾患有多少倍，這也是論斷上首要考慮之事。但如本例斷脾患，卻因歲、運之故，近兩年來自甲申月後服藥不斷，七十一年癸卯月開刀，以後漸轉康復，其間以七十年丙申月後較嚴重，住宅亦湊巧合乎此症，另有頭患卻應在小女身上。

論本命之初，係先於其子八字上看見，母有欠安，須親自照顧之情，並且因此損財，意志極其頹喪，一般謂之刑剋，其實這也是命該如此，因果相繫，幼年至讀書有成，父母盡心力栽培，今逢母親有難，命上之孝思表露無遺，其子八字：乾造庚寅、丙戌、丙戌、乙未。而在民國五十七年戊申年之刑剋係，下半年父親逝世。刑剋將於另書詳論。當時命宅合參在七十年丁酉月，更易納後，因煞氣已久，加上流年又不暢，且非富貴大地，終難抵擋命運之勃逆。刑剋更是無稽之談，蓋皆命上注定，只不過從其子之印受傷看出，若謂遠避他方，或可避免，示其罔顧孝義，陷其成千古罪人，則母親之身體，非但乏人照料，更激其命促，亦非所願。自丙申月住院後，來回奔波，花費至少三十萬以上，誠命中注定，氣數難逃。而母親之食神（喜神）受太歲之連剋，亦可看出子女盡心力之情，當然辰丑之剋洩亦是主因。

◎簡論命造

日元壬水，月令印綬主事，又透出在時，得羊刃通根幫身，日元不弱，食神順洩，官煞伏藏，煞印相生，命局挨排順當，相生有情，命清之表徵；若謂官煞混雜，行事反覆，卻未必見得，蓋本造情性祥和，平易近人；今逢大運丁卯，氣聚在丁，卯木用事，得金水之助於六十九年庚辰月後侵入辰丑陣地，其實細算於戊寅、己卯月即已逼入，再得太歲庚申、辛酉之洩，先傷甲木於春，次洩辰丑於秋後，歲、運挾攻，加上住宅亦來湊熱鬧，終於脾臟之患拖累兩年；壬戌癸卯月時，X光顯示脾臟部位有一大片陰影，憂鬱恐係癌症，余曰氣數未終無礙，結果沒錯，只係部位發炎而已。蓋自壬寅月後，甲木得歲月之助，引化庚、辛之氣，敗部復活，氣機流通，再得子息食神之盡奉侍，享福是必然之事。況且其子自該月後，命上印星加強，逢遇貴人相助，一片憂慮掃清，再無傷之情，只有充滿信心及希望，故可斷言。至壬戌年戊申月，購買錄影機以解母親之煩悶，亦應了為母付出錢財之斷言，此稱之：月令之刑剋。一般較疏忽於脾臟之常識，其功用如下：1.摧毀損壞的紅血球。2.儲存血液。3.形成淋巴球。4.形成抗體和抗毒素。係由淋巴組織所構成，位於腹腔的左側肋部，介於橫隔膜與胃底部之間。

例一八　胃腸之患(一)

乾造　民國六十九年十二月十七日寅時

比肩	庚申	比肩	六	庚	寅	十一
			十六	辛	卯	二十一
正印	己丑	正印	二十六	壬	辰	三十一

日元　庚子　傷官

偏印　戊寅　偏財

三十六　癸巳　四十一

四十六　甲午　五十一

五十六　乙未　六十一

六十六　丙申　七十一

生於小寒後十六日五時辰。

大運於四年四個月十日後上運。

每逢乙、庚年立夏後二十六日交換。

◎論命時間：民國七十一年己酉月。

◎論命經過：

上例述及，戊胃、己脾，本例卻係寅中之丙小腸。嬰兒餵食牛奶，是工業社會與農業社會的最大差異，當然飲食不潔，引起胃腸之患的概率是必然升高。本例斷辛酉年秋後，胃腸不暢，胃口不佳，至壬戌年癸卯月稍轉吉，丙午月後胃口轉佳，身材因營養之吸收而正常，果然如此。原來出生之後，體型較常人瘦小，或與其母體型瘦小有關，七十年上半年嬰兒尚小，飲食量少亦無話；但丙申月後傷及寅中丙火，食量仍未見增加，其父母以各式各樣之中西藥，欲促其增進食慾皆不可得，至戊戌月損傷子水，寅木盡傷，因飲食牛奶不潔而下瀉，辛丑月再合去子水，又因更換奶粉，腸胃難以適應而告下瀉；至壬戌年癸卯月後，輔助寅中丙火之氣，得一西德名藥，補充營養，促進食慾，終於逐漸正常。

一般而言，胃腸不暢，偶爾因飲食失慎而下瀉，相信是每個人都曾經歷之事，亦即胃腸欠安，並非係戊土及丙火之專利品，但此乃短暫性而言；本例寅中丙火受年病之侵，飲食失常，時間漫長，就是值得研究之處。又參照「例十一」肝臟之意實例，各位必可發覺有類似之點，本例為何不是肝患，其因有二：⑴命局之寅，並未受傷，無先天性之毛病。⑵年齡尚小，機器全新，啟用不久，只在戊戌、辛丑月小故障。又由本例亦可證知，肝臟患者，平日飲食、生活起居之失常，是造成肝患之主因，以例十一言，平日飲酒無制，熬夜失眠，誠凡事皆有因果之最好寫照。本例若誤認戊、己之氣厚，疏忽寅中之丙，失算終將難免。

◎簡論命造

日元庚金，月垣得印，又雙透戊、己，比肩通根，其勢極旺，賴傷官生財為用，寅中丙火調候，卻遭子水之侵，幸得丑土合住；因庚生水，子水不化；若然無丑，濕氣必然加重，反成陰森小人。總觀全局，最忌申、酉歲月來傷寅木，丙火遭棄，一片寒凍之象，於成年之人，可謂有志難伸，意志頹喪，空具才華，難以表現。於小孩若謂此語，必遺笑柄，只合論胃腸欠安，肝患卻是將來之事。今逢辛酉之年，劫財奪財，命局頓失平衡，再逢戊戌、辛丑月令除去衛護之子，幼年謂之欠安，稱之寒氣太重，交友不慎，無心向學，課業後退，沉默寡言。踏入社會謂之受知己朋友連累，財物支借，無利反失，但依大運觀之，卻非放利息之輩，顯係交情所繫，亦因之家庭夫妻失和，禍害種因於猴年秋申月。又辛酉之年，奪去寅財，難怪置父不理，他人亦是，世上唯母印是所憑依，而生於壬戌年癸卯月後，方漸改變。本命寒氣偏重，傷官藏內有制，本性趨於內向、保守，故為人父母，平時當以培養膽氣、自尊心為首要，針對未來之路程，配合個性及其他，相者予以適當引導指示，也比讓他帶回神煞、掃帚有用。

例一九　胃腸之患(二)

坤造　民國六十八年閏六月二十五日巳時

傷官	己未	傷官
偏官	壬申	偏財
日元	丙辰	食神
正官	癸巳	比肩

九	癸	酉	十四
十九	甲	戌	二十四
二十九	乙	亥	三十四
三十九	丙	子	四十四
四十九	丁	丑	五十四
五十九	戊	寅	六十四
六十九	己	卯	七十四

生於立秋後八日十一時辰。

大運於七年五個月後上運。

每逢丙、辛年小寒後九日交換。

◎論命時間：民國七十一年乙巳月。

◎論命經過：

本例斷庚申、辛酉年秋後，尤其寒冬亥、子月，胃腸欠佳，飲食失慎，下瀉、發燒、腸炎，最近一次在上個月甲辰月，果然如此。由於本命主，幼年尚有一段劫數，同「例一」至「例四」腦神經部份一樣，故愚特別指出，示其今年（壬戌年）秋戊申月至壬子月，要留意飲食，小心腹瀉、發燒。尤其在癸亥秋庚申月後，至甲子年丁卯月，慎防發高燒，損傷腦神經，丁卯月疏忽不得。以上若詳細計算，恐怕千日關將失靈，當改成千三百日關。本命的缺點，不止歲侵，日元氣勢太弱；印星不見是主因，月柱又皆仇敵，逢丙寅、丁卯月，木來傷土，拆卸衛護，印來何用，只可看出父母奔忙之舉，於事無補；若謂盼望甲子年，甲木偏印登門拜訪，貴人相助，其實相隔遙遠，看得到卻請不到。至於趨避之道，如前所述，能否脫離氣數之掌握，端看其造化。

◎簡論命造

日元丙火，生初秋，月提失令，又壬癸官煞齊透，近剋丙火，雖有傷官通根混壬，制化無力，全看巳火幫身，卻遭癸水蓋頭，辰土洩火，氣息低微，剋洩太過，先天不足，危機重重；尤其印星欠缺，一般謂之欠木，月柱又非友是敵，父母關愛不夠，疏忽成禍。庚申年巳申化水，全看未中丁火，辛酉洩火氣，皆引化傷官生財滋煞，危機逼近；再歷壬戌，雖無大害，仍洩元氣；至癸亥之歲，寒冬火熄，丙寅、丁卯月再傷辰、未，頓失憑依，劫數重重。

例二〇　腎臟、泌尿系統之患(一)

乾造　民國前一年四月十六日未時

正官	辛亥	偏印
正印	癸巳	食神
日元	甲申	偏官
正官	辛未	正財

三	壬辰	八
十三	辛卯	十八
二十三	庚寅	二十八
三十三	己丑	三十八
四十三	戊子	四十八
五十三	丁亥	五十八
六十三	丙戌	六十八

生於立夏後七日七時辰。
大運於二年六個月十日後上運。
每逢戊、癸年立冬後十八日交換。
◎論命時：民國七十年庚寅月。
◎論命經過：
本例余觀後，直斷腎臟、泌尿系統之疾病，自六十六年丁巳年後，即已侵入，病狀加重已成宿疾，尤其正行戌運，危機重重，果如斯言。原來當時正入院治療，卻在內科醫院，病因係攝護腺腫大，排尿困難；於該月終因對症下藥，沒有求治西醫泌尿科，迅速割除攝護腺，導致延誤病情；攝護腺發炎腫大，由最初之點滴排尿，至尿液全部無法排出，積尿迅速，膀胱腫大，只得以針筒抽出尿液，最後因肝臟失潤，腫大硬化而瘁。

算本命讓愚感觸良多，準又有何用，設若當時余能對醫理多了解一點，指引去西醫泌尿科治療，或許可改變命運亦說不定，這也是催促余寫這本書公開秘訣的原因之一。相者之職，本是指引迷津，不止斷的準，還要熟悉社會百態，各種常識、知識若愈豐富，愈有助於命理之分析。

◎簡論命造

日元甲木，生於初夏，食神洩秀，官煞氣旺，剋洩均重，全賴印星調候生身為用，命局重點在癸及亥水；先觀癸水，若逢戊、己雖有損傷，仍有辛金滋生，不慮枯竭，若逢丙、丁之年，月令戊、已可促一傷。再觀亥水，命局己亥逢沖，巳火當令，亥水得辛金滋生，且巳申又合，水氣亦不弱，水火既濟，旗鼓相當；但亥水已有損力，再迎戌、未歲、月臨門，阻去亥水，解開巳申之合，頓從臟腑失去均衡態勢，滋煞攻身，猶如本有十分資本，失去亥水所剩不足五分；戌運先傷亥水，再歷戊戌、庚寅月傷癸、甲。

例二一　腎臟、泌尿系統之患㈡

乾造　民國三十九年一月十四日申時

偏財	庚寅	偏印	二	己卯	七
			十二	庚辰	十七
食神	戊寅	偏印	二十二	辛巳	二十七
			三十二	壬午	三十七

日元　丙申　偏財　　四十二　癸　未　四十七
　　　　　　　　　　五十二　甲　申　五十七
比肩　丙申　偏財　　六十二　乙　酉　六十七

生於立春後二十六日。

大運於一年三個月十日後上運。

每逢丙、辛年芒種後六日交換。

◎論命時間：民國七十一年己酉月。

◎論命經過：

本例命主於壬戌年甲辰月辛未日，至癸未日，因生殖器左側睪丸生小瘤，有刺痛感，而住院開刀取瘤。此係事後方知，雖然近兩年（庚申、辛酉年），流年先吉後凶，重見刑剋，長上欠安、身心損耗，致心臟虛弱、眼患、腦神經衰弱，於命上一一可見，若欲斷此開刀之患，卻未必可見；疑住宅煞氣有關，但另一方面，命主之財星亦吉亦凶，性好漁色，花街柳巷，此症於本例就有值得研究之處。庚申年季春庚辰月，售產得十二萬元，甲申月父母接踵而亡，後於辛酉年壬辰、癸巳月，因遺產問題與親叔見面於公堂，秋後連連不順，至壬戌年壬寅、癸卯月另有訴訟，錢財為媒，詳情未明，甲辰月令開刀之災，卻係時運轉吉之故。

◎簡論命造

日元丙火，生於初春，印旺居月，天干一氣相生不逆，忌者日時埋根之鐵，寅申沖損，根氣有傷，形成天干喜金，地支反忌申、酉之情，財星亦喜亦忌，命局乏官管制，有丙助膽，遂激起財色之偏好，為所欲為，不慮後果，過去乙卯之年冬，即有性患，今再疾侵，皆非偶然，命若多一官星，有所約束，其情自又不同。庚申之歲，秋後沖提，損傷喜用，謂之刑剋，何況傷者為印，尤其大運巳火用事，寅巳申三刑逢沖，六親欠安損故，早已有定，當然主要在於喜用受傷，日元氣弱，呈現意志消沉，一片傷心之景。今壬戌年引入偏官，又行壬運，當可預見漁色收斂，循規蹈矩之一面，但逢戊、己月令及他運恐又思動哉。

例二二　腎臟、泌尿系統之患(三)

乾造　民國三十六年四月六日夜子時

傷官	丁亥	偏印
劫財	乙巳	食神
日元	甲辰	偏財
食神	丙子	正印

七	甲辰	十二
十七	癸卯	二十二
二十七	壬寅	三十二
三十七	辛丑	四十二
四十七	庚子	五十二
五十七	己亥	六十二
六十七	戊戌	七十二

生於立夏後十九日三時辰。

大運於六年五個月後上運。

每逢戊、癸年寒露後十九日交換。

◎論命時間：民國七十一年丁未月。

◎論命經過：

本例與例二十，有相同類似點，可由此得證，命理合乎科學之統計原則，當然在戌運戌戌年之壬戌月末，突發之疾病侵害，亦將難免。本命歷經丁巳年炎夏後，至戊午、己未年，一連火、土之侵，造成命局腎水失去平衡，火旺木焚，丙、丁失去控制，尤其丁火無制，導致個性轉急燥易怒，容易起衝突，置平日之涵養於不顧，此不僅流年如此，逢月令巳、午、未、戌等炎燥之鄉，亦會如此，日期則選在庚戌、庚午之曰；此三年促成病害，庚申、辛酉之年秋後歲運沖去喜神，遂爆發病災，腎臟引發泌尿系統之患，愚示恐有尿道結石，宜往西醫泌尿科檢查，照X光以查病因，以壬戌年推論，再逢燥土阻水，水氣皆棄，庚戌月中將再突發，辛亥月加重，壬子月有逢貴人救治之情，而自辛亥月之戊戌日起，即可預見奔行求醫之催促。

◎簡論命造

日元甲木，生初夏，月提失令，丙、丁高透洩秀，排列有情，得亥、子調候生身，辰土洩火蓄水，乙木幫身，全局水火既濟，配置融洽；唯一缺點，八字欠金；衛護亥、子受地支火、燥土之侵，疾病立見；此於一般調候上，巳、午、未月缺水不可，必成偏枯。或滴水氣不見反成氣清，但仍須綜合參看方是正途若問錢途若何，當須參看行運，命局財藏官無，貴氣縱有亦只兩年，生平不當大官，不喜權柄，寧居幕後股東，錢財多則妙哉，一生勞碌命，勞力、勞心生財，點滴累積，橫財莫思，勞動助命。

例二三　婦女病之患(一)

坤造　民國十四年五月二十八日巳時

劫財	乙丑	正財
正印	癸未	正財
日元	甲辰	偏財
正財	己巳	食神

八	甲申	十三
十八	乙酉	二十三
二十八	丙戌	三十三
三十八	丁亥	四十三
四十八	戊子	五十三
五十八	己丑	六十三
六十八	庚寅	七十三

生於小暑後十一日五時辰。

大運於六年八個月後上運。

每逢丁、壬年驚蟄後十一日交換。

◎論命時間：民國七十年辛丑月。

◎論命經過：

炎夏調候缺水不可，或命局喜用之水受剋住，於陽男主腎、膀光、泌尿系統之患。於陰女則須多出一個婦女病——子宮之患，此項病例，均有關連，一起搬出來，絕對錯不了；但於小孩之命造，除非呈現先天不足，一般皆以膀胱無力，夜尿床居多。若於求學時期，由於似懂非懂，道聽途說，對性器官發生好奇心，疏忽之舉造成傷害。若踏入社會層次則較複雜，有打架之八字或意外之災或累積成疾，各有不同。

本例水氣比上例更缺，且財旺傷印，豈堪再受火、土之傷害，斷其自丁巳年後，接連欠安，腎患、婦女病，係多年勞累，累積而來，果如斯言，論斷之時，仍舊服藥不斷，事業繁忙，不做不行，皆以中藥支撐體力。愚觀出壬戌年癸卯月後，大運轉入己土，癸水受傷，庚戌月令沖去辰中癸水，火土炎燥，再歷辛亥傷乙，此有一劫，示其注意身體，莫操勞過度。

◎簡論命造

日元甲木，生季夏，賴癸水得根於辰潤木調候，喜乙木幫身分財，仍嫌日元洩氣太過，甲己合化土，先財後印，一生辛勞，寧為錢財而拚命，皆顯示無遺；此種氣弱之命，注定操勞，若然清閒下來，反而會悶出病來，是故其擇之行業，亦必配合勞碌繁忙之業，銖積寸累致富。今逢丁巳、戊午、己未之歲，滋財傷印，腎水轉竭，腎火虛旺，勞碌成疾，只因財字，再逢己運壬戌太歲劫數極重。

例二四　婦女病之患㈡

坤造　民國二十四年十月七日戌時

傷官	乙亥	比肩
偏財	丙戌	偏官
日元	壬午	正財

三	丁亥	八
十三	戊子	十八
二十三	己丑	二十八
三十三	庚寅	三十八
四十三	辛卯	四十八

五十三　壬　辰　五十八
六十三　癸　巳　六十八

偏印　庚戌　偏官

生於寒露後二十四日二時辰。
大運於一年十一個月二十日後上運。
每逢丁、壬年寒露後十四日交換。

◎論命時間：民國七十年辛丑月。

◎論命經過：

某日，在台南縣為人相宅，適巧其一住於隔壁之親戚在座，視愚相宅言之鑿鑿，皆得證驗，又聞相命亦微驗，遂思算算看，其人為命主之丈夫。愚排後已知梗概，問曰：您要問身體。答道：是的。後直言斷曰：她身體主要是左腎及婦女病（子宮），自六十六年丁巳年後，一連三年最嚴重，近兩年來（庚申、辛酉年）則較轉安，但今年戊戌月後，病情再復發加重，皆是一生勞碌累積而來。果然如此，原來六十六年因子宮癌，割除子宮，癌細胞已有漫延，六十七、六十八年加重，但自從丁巳年後，每天均以中藥醫治，藥草煮起來一大鍋，至庚申年見癌症並未再復發，遂不再服用，終於在辛酉戊戌月再度復發。余曰：她在今年春天還想去賺錢，這也是勞累復發之因。其親戚曰：沒有錯，她當時還邀約去做工賺錢。而在戊戌月已轉肺癌，額部也突出癌細胞似腫瘤。其先生又再三的請教壽期，謂心理準備，在不讓當事者知道的情形下，愚示曰：明年壬戌年劫數很重，在乙巳月後加重，一連三個月，尤其丁未月上旬，最遲無法過庚戌月。結果猝於丙午月乙酉日。而當時在丙午月初，曾延請去相宅，發現命主在乙巳月乙巳日病情轉劇後，自有婦女症煞氣之房間，（六十六年病發時，尚未住入該宅。）移至內氣逢元之寢室，余即示之：這間寢室吉，但她住進去以後，會催促治病，可是癌症沒有特效藥，且住宅又非富貴大地，這個月得多留意（丙午月）。可見氣數難逃，靠宅相改變命運者，寥寥無幾。

◎簡論命造

上例為炎夏喜用之水受剋制，本例則火炎土燥，喜用之水受傷，連帶金肺亦受制，可見水主腎、泌尿系統、婦女病之無誤，庚金未必是只指大腸，當然大運辛金亦有關，只是當以命上所具為重。

日元壬水，生季秋，命局火、土皆燥，喜亥助身，卻遭戌土剋制，又氣洩在乙，反生丙傷庚；庚金受制，坐下午戌會火，燥土埋金，唯賴月提戌土混壬生金，全局制化重重，命格不清，剋洩太過，注定歹命；經寅運三合火，甲寅年後，金、水皆損，洩耗元神、元氣以求財；歷辛運丁巳年，炎夏庚、亥皆傷，庚戌月後，再傷亥水，歲運見剋，遂生禍端；唯行運辛金貴人長上之助，苟延殘生，去乙合丙，一線生機；至庚申之歲，歲、運皆助，以為痊癒，有所疏忽；辛酉之年尚且思財欲動，豈料戊戌月令，承繼丙申、丁酉月之氣，除去其源庚、辛，屠殺亥水，遂再引異端；至壬戌年乙巳月中，亥水本遭戌欺，刻逢巳亥一沖，無不遭殃；再得丙午去庚、辛，支局火炎土燥，雖得壬比流年之關心，杯水車薪，反而生乙、丙傷庚，氣數亦難逃，主要一因，亦係辛運氣盡，日元先天不足，後天失調，勞累成疾所致。

例二五 膽患

乾造 民國三十六年二月八日卯時

正印	丁亥	偏財
偏財	壬寅	偏官
日元	戊寅	偏官
正官	乙卯	正官

八	辛丑	十三
十八	庚子	二十三
二十八	己亥	三十三
三十八	戊戌	四十三
四十八	丁酉	五十三
五十八	丙申	六十三
六十八	乙未	七十三

生於立春後二十三日三時辰。

大運於七年九個月後上運。

每逢甲、己年立冬後二十三日交換。

◎論命時間：民國六十九年壬午月。

◎論命經過：

「膽」一般在命理上，係以甲木代之，可是讀者必可從面前諸例子中看出，若有甲木或寅木受傷，卻無膽部之患，即使乙木亦同，只有肝、眼、四肢筋脈之患、小腸等。可見膽患並不容易看。本例係筆者事後與命主談論方知；故於此認為值得研究，特地提出。依命主之行運吉凶，可證生辰無誤。煞印相生格。五十七年戊申年母親去世，六十年辛亥年結婚至六十二年癸丑年，流年皆逆，癸丑年寒冬，因膽患而住院開刀，甲寅年方漸轉吉，至庚申年秋丙戌月父逝世，接連辛酉年至壬戌年癸卯月，妻欠安。

膽囊位於肝臟部位，有兩條管道，一接肝臟來的膽汁；一接通流入十二指腸，但接口處有括約肌控制；其功能如下：

1. 貯存膽汁。
2. 粘膜分泌液加入膽汁內。
3. 吸收水分，將膽汁濃縮。
4. 吃下脂肪含量高的食物，膽囊的肌肉層會收縮，將膽囊內的膽汁擠出，經膽管而送入十二指腸，而在接口處之歐狄氏括約肌（Oddi sphincter）須鬆弛，才能流入。（十二指腸接連胃部。）

至於膽汁在十二指腸內的功用如下：

1. 乳化脂肪。
2. 膽紅素、膽綠素等紅血球的代謝廢物，可由膽汁排出。
3. 吸收維生素K及消化脂肪。
4. 使糞便著色，有去臭之作用。
5. 有輕瀉的作用。

膽汁是肝細胞從靜脈竇之靜脈、動脈混合血所合成。據目前已知的肝臟功能，有十三種之多，分泌膽汁只是其中之一。

由以上之生理分析，相信必能增進命理上之判斷；可知膽囊最容易出問題的是，接入十二指腸的括約肌，若此部位發炎，必形成膽汁無法輸入，脂肪消化不完全，胃口不振，營養失調。如同腎患之實例中，尿道括約肌或攝護腺發炎，無法排尿，影響其他器官一樣；而本例在癸丑年癸亥月，癸水傷丁，解開丁壬之合，寅中丙火亦熄，亦可看出飲食不振，財滋煞攻身開刀之危。

◎簡論命造

日元戊土，生初春，月令長生，只因寅中藏丙；若庚金長生於巳，戊土埋金，若有實無。丁壬合化木，壬水因寅而化，丁火坐亥，生木氣燃丁，命局官煞過旺，全賴丙、丁引化，無食、傷混，命局反清，最忌金、水傷丁，沖損寅中之丙。尤其癸水傷丁，陰陰相見，分外眼紅；八字不見比助，官煞又旺，行事喜獨來獨往，不喜合夥，處事保守、穩重，平易近人，事業當以就職為主，亦少變化；接下壬戌年，流年仍難言暢，癸亥年又逢大忌，大運在亥，庚申月後，恐又疾病纏身；接連癸亥、甲子月，丙、丁再熄，財滋官煞剋身，膽患恐將難免。

甲子年甲戌月，當有轉變，乙亥月末，大運轉入戊戌運，在乙丑年戊寅月，事業催財，交遊廣闊，一生成功榮昌來臨，其情自又不同，先富後貴，富在於斯，貴氣則聚在丁、丙運中，其中酉運庚辰年後有逆，申運六十四歲庚寅年，先於庚辰月中欠安，甲申月引身而退，壽至六十七歲癸巳年甲子月中；此皆將來之事，順此一論。

例二六　生育、難產㈠

坤造　民國四十四年八月七日丑時

正印	乙未	傷官
正印	乙酉	正財
日元	丙戌	食神
傷官	己丑	傷官

七	丙戌	十二
十七	丁亥	二十二
二十七	戊子	三十二
三十七	己丑	四十二
四十七	庚寅	五十二
五十七	辛卯	六十二
六十七	壬辰	七十二

生於白露後十三日三時辰。

大運於五年九個月二十日後上運。

每逢丙、辛年小暑後三日交換。

◎論命時間：民國七十一年甲辰月。

◎論命經過：

生育是女人之天職，而生產時之痛苦、危險，是無法言喻的；而生產時之胎位不正，羊水先破嬰兒不落，皆是威脅著生命，古法論命的「流霞」即因之而生，至今仍有人延用；而經本人深入探討、驗證，在命理上早已顯現，與「流霞」絲毫無涉，本擬另書再論，因涉及身體健康，於此一併指出。生育、難產之條件有三：

一、日元為丙、丁或其他天干，命局身弱，再逢剋害喜用之歲、運，即為生育有危險之難產年。

二、日元身旺或身弱生於寒冬，尤其亥、子、丑月，火氣低微，虛浮無根，洩火太過，每胎要留意難產。

三、日元不分旺弱，生於寒冬，亥、子、丑、寅月，命局火氣足，逢遇撲熄火氣之年，即為生育有危險之難產年。

亦即以身元被剋太過，寒冬火氣受傷等，呈現心臟虛弱、貧血之命理因素來探討流產，則時間、事實皆可指出，萬無一失；不似流霞之茫然無知，即使相者無心之過，據理而論，聽者而言，就不能那麼輕鬆。

命主母親問生育如何？余答曰：近兩年來（庚申、辛酉年）流年不順，雖然進財，但為盡孝心，錢財支助父母，為父母之事煩心，致錢財窘困，心臟無力，腦神經衰弱，意志消沉，飲食不振。如果生育會有難產之危險，（因為節育可避災。）尤其辛酉年。果如斯言。辛酉年己亥月生育難產；自其丈夫亦可看出，八字如下：癸巳、壬戌、丁酉、辛丑。

◎簡論命造

日元丙火，生仲秋，正財秉令，又得食、傷之氣生財，全賴雙乙生身為用，命局排列順生，不相妨礙，八字皆喜，字字有用，惜日元洩之太過，乙木無根，雖然未之木庫，水之餘氣丑，似有實無，生財暗傷印，丑中癸水受戌土之制，更無發揮之餘地；遇逢庚、辛之地，乙木盡傷，因財生事，乙印所累，致丙火無光，日日頹喪，一片孝心，出自心頭，命中可見；逢此戊運攜己助金，助虛之年，心志俱崩，又思短見，與平日傷官迎風招展，天不怕、地不怕，不可一世，驕傲倔強之性，誠有天淵之別。只因命上無官衛印，乙木確屬單薄；亦因無官約束，致使日元敢藉傷官任性，家庭多口舌。今逢辛酉之年，春傷雙乙，戊、己反叛，因食、傷子女惹禍，己有前定，再逢戊戌、己亥月，助財傷印，自然禍生。又若庚申之歲，乙庚合則尚有些許之情，何況申中藏壬滋生；轉歷辛酉，求財操勞疏忽可見，陰陰相見，全無感情；一意求財，藉傷官之性，孤行妄為，忠言逆耳，不放心上；致過份勞累，營養失調，疏忽產前保養，難產之厄，其來有因哉！

例二七　生育、難產(二)

坤造　民國四十二年十月二十三日辰時

正印　癸巳　食神　四　甲　子　九

正印	癸亥	偏印
日元	甲申	偏官
偏財	戊辰	偏財

十四	乙丑	十九
二十四	丙寅	二十九
三十四	丁卯	三十九
四十四	戊辰	四十九
五十四	己巳	五十九
六十四	庚午	六十九

生於立冬後二十一日三時辰。

大運於二年九個月二十日後上運。

每逢丙、辛年白露後十一日交換。

◎論命時間：民國七十一年乙巳月。

◎論命經過：

本例斷若於庚申、辛酉年生育，會有難產之危險。果如斯言。辛酉年冬生育難產。以層次分析，並非日元氣弱，洩剋太過，而係身旺得令，且又得大運丙寅之助暖，只因先天體質火氣雖有，但卻受制過於寒凍，庚申之年，巳申合化水，於秋後即已顯示，諸事煩心，頹喪之情；接著辛酉年，秋後再生水熄火，剋損大運寅木，食慾不順，遭受刺激，意志消沉，心臟虛弱無力皆可知，因食神子女而損傷，亦已前定；若洞悉天機，人力可改，節育避禍，並非難事；再示癸亥之年，庚申月令至甲子年戊辰月，慎勿生育，以免歷史重演。

◎簡論命造

上例為剋太過，雖然脾氣倔強，但發生事情會有尋短之舉。本例則氣旺，只因火氣不足，再逢撲熄，雖然傷心，卻不會尋短見。日元甲木，生初冬，母旺子相，命局財官印一氣相生，再得丙火照暖，富貴已見；惜巳亥一沖，又受癸水蓋頭，火苗不長，亥中甲木，欲燃丙通關，諸多困難，若逢寅、卯歲運解凍，一團和氣，發越安康在此；奈出師不利，逢酉擋駕，木、火盡傷，一片寒氣，導致飲食失常，貧血、心臟無力，生育豈能無災。由此可見巳火不止指小腸，心臟、血脈尚有關連。

例二八　生育、難產㈢

坤造　民國三十八年十二月七日丑時

比肩	己丑	比肩
偏印	丁丑	比肩
日元	己未	比肩
偏官	乙丑	比肩

五	戊寅	十
十五	己卯	二十
二十五	庚辰	三十
三十五	辛巳	四十
四十五	壬午	五十
五十五	癸未	六十
六十五	甲申	七十

生於小寒後十七日十時辰。

大運於三年十個月十日後上運。

每逢戊、癸年立冬後二十八日交換。

◎論命時間：民國七十年戊戌月。

◎論命經過：

上兩例只是流年造成之因素，本例卻大大不同。六十四年乙卯年結婚，於丙辰、丁巳年生男，戊午年底再添一女，一連三次生育，皆因羊水先流盡，不得不開刀生產，共開刀三次。本命因乙木破格，不入稼穡，日元過旺，庚運合化乙木，致失去平衡，旺極而崩堤，加上寒冬丁火本弱，坐下濕氣太重，終比不上丙火調候有力，燈燭之光，搖搖欲熄，濕乙生丁，困難叢生，再逢庚去，微弱可知，此命局五行之已失中和，日元雖旺何益；若然未生在寒冬之月，生育難產未必發生，此亦係先天不足之弊，生育巧逢火旺之年，卻仍絲毫無助。又斷壬子、癸丑年，胃腸之患亦無誤可見丁火不只係心臟，補益當肝為主，胃腸、心臟為輔。若謂命中欠金、水，當補足五行，誠不明喜用之理，自然之道。又若謂命名可改變命運，如同改運一般，本末倒置，改名及改運，一字之差又有何差別，藉口歛財罷了，以合法掩護非法，相信諸君亦不願為之。真正能改變命運者，五官、形體必會自然調整改變，修其不足，氣色又自不同，但異於整容，此可得印證；然命雖轉吉，仍有流年吉凶，氣數之限制，此乃造化之理。

◎簡論命造

日元己土，生寒冬，己土當令，又比肩重重，再得丁生，日元旺極，全賴乙木疏土，得根於丑中癸水，煞印相生格。逢庚、辛去乙，頓失憑依，家庭風波、流年困頓可見，忌神主要遇逢庚、辛。若謂日元旺極宜洩，今遇庚、辛豈非妙哉！問題雖好，可惜糊塗，置家中喜用之乙木於不顧，都要被庚、辛欺負上門，還說妙哉，終究野花不比家花好，一山不容兩虎，切莫思齊人之福。

命局用神無力，火氣又不足，濕氣偏重，再遭庚金合化乙木，真正成為孤苦伶「仃」，貧血、心臟無力更形加重，所幸在火旺之年生育，否則若巧逢金、水之歲，不只難產之問題，恐有生命之攸關。接下辛運在癸亥年癸月登堂入室，乙、丁盡傷，乙丑月劫數甚重，比之庚運，相差不知高出多少倍，皆因喜用逢忌陰見陰，無半絲手下留情。

例二九　生育、難產(四)

坤造　民國四十年八月十一日申時

正官	辛卯	劫財
傷官	丁酉	正官
日元	甲寅	比肩
偏印	壬申	偏官

十一	戊戌	十六
二十一	己亥	二十六
三十一	庚子	三十六
四十一	辛丑	四十六
五十一	壬寅	五十六
六十一	癸卯	六十六
七十一	甲辰	七十六

生於白露後二日十時辰。
大運於九年三個月十日後上運。
每逢乙、庚年大雪後十三日交換。

◎論命時間：民國七十一年己酉月。

◎論命經過：

本例與「例二十六」有類似點，但不同之處在於：其為丙火，此為甲木，五行病理不同。相同之處在於：同為剋洩太過，造成日元氣虛。命主於六十四年己卯月及六十五年巳亥月，各得一女，六十八年丙寅月，再獲一男，生產皆順利無事，而在六十九年己丑月，生下雙生女，第一胎正常分娩，第二胎剖腹生產。一般而言，雙生子女，剖腹生產皆難免，亦即在產前檢查時，心裡已有數，生產時醫生也已有準備，除非臨時發生意外，否則依目前之醫學、儀器發達，是不會有危險的。在命理上所顯現的，也是如此。庚申年沖損寅木，卯申暗合傷乙，但有壬水得根於申，煞印相生，日元不致受剋，且行亥運通關，根氣必可逢凶化吉，更保懷孕期間之安全。至戊子月中，大運轉入庚金，雖煞印相生，日元不致受傷無依，但生水傷丁，火氣轉弱，加上本來庚申年之庚金，早已蠢蠢欲動，丁火心臟微弱可知。幸好不再懷孕，否則辛酉年，歲、運皆凶，恐怕難產無法避免。然氣數難逃，辛酉年服藥不斷，身虛體衰，至壬戌年甲辰月方逢貴人之助，藥石見效，身體漸轉康復，疾病乃產後之後遺症。

◎簡論命造

日元甲木，生仲秋，命局官、煞皆旺，寅、卯助身，支局交戰，秋月之金挾其怒威，草木皆傷，頓壬水得根於申金長生之地，滋潤根株，假煞生權；丁火洩秀，傷官本狂，得壬水之制，不敢妄為，情性祥和。但逢甲、乙、戊、己之助，家庭口舌卻難免；若逢金、水傷丁，卻又不美，飲食不振，心臟虛弱。又逢丙、丁助丁之氣，口舌亦多，冥冥氣數皆有定，難怪人生不如意十有八、九。

今庚申年秋後傷其寅、卯，殘其比、劫，雖有亥水引化，早已覬覦，俟機行動，一轉己丑月，暴行得逞，加上月令戊子、己丑，連傷壬水，甲木被剋太過，連遭砍伐，而且生育若非己年即己月，殊屬巧合。辛酉之歲，承庚申之氣，寅、卯傷盡，甲木元氣更損，難怪疾病纏身。命局喜行亥、子引化，一團和氣，字字皆可轉為有用，若遇巳、午損害官煞，未必為吉，個中變化，精細入微，以五行中和為主，若以旺、弱強分界限，百思不得。

論命之秘訣有三：

1. 找忌神即對症下藥。
2. 以天干、地支等二十二個字，配合本命、大運、流年、月、日，查其他五行變化。
3. 一切合乎自然之原則。

桃花色慾之實例

古往今來，一般推論「色」字，皆以桃花論述或天乙貴人帶驛馬申論，當然歷朝之演進創論，必然是有其統計累積之根據，可是神煞者，命中之一、二而已，須知無論如何一件事情之論斷，差一個字就有如天淵之別，須綜合論之，方免失誤，一切合乎自然之原則。

有些特殊的八字，愚一望即知係色中高手，直斷其喜歡尋花問柳，把馬子用免費的，皆其所好，更指出何年、月殺孽深重，（此殺非打鬥之殺）何年、月收歛些或改邪歸正，亦即有時間、事實為憑，方為真理。若以神煞來論，其若命帶桃花，再逢桃花之年月，當發生桃色糾紛才對，可是事實並非如此，其他之神煞論命亦同，茲不再舉例，讀者自行研究便知。

亦有些八字，只想調戲女孩子，開開玩笑而已，在一般看來會稱之曰「豬哥」。另有些則只在心裡想，卻不好意思去做，不敢去做，但偶爾逢助膽氣之月時，會喜歡對女孩子開一點小玩笑，此類色性較小，更有的既不想也不做。一般而言，若命局財星為喜用，且在命局佔有極大之份量者，不論量之多寡，皆有些寡人之好，而且能得女孩子之歡心，在古時候，此類八字，三妻四妾並非難見，今日則不同矣，因地、因時而制宜。今日敢公然與法律相抗，享齊人之福者，其命中除了上述財星為用外，尚必須具備有下列條件：一、命中不見官星，或官星受到制、化。即無人管他。二、命尚須有傷官透出或居月，而沒有受到制、化。此亦即飽暖思淫慾，有錢想風流之劣根性。

另有一種屬於「偷吃」，係受到流年、月令刺激，造成生命中之小插曲，即孽緣；時運一過，即會轉為無事，但家庭風波一場戰爭，卻恐難免，此緣生緣滅之最好寫照。比較安份守己的，命有官星管束，加上沒有上述之缺點即是，較可憐的是女命官煞強旺，剋之太過，不僅婚姻不美滿，人生多坎坷。且淪為色中高手之玩物，或次等角色之風流對象，亦有的係傷官過旺，自甘墮落，亦有的係色慾催促，經不起引誘，不一而足。

茲將本文論斷之根據，其理論筆之於後，洩露天機：

1. 之子有疾：炎夏巳、午、未月出生，命中腎水不足，有水氣沖激，即不見壬、癸、亥、子等，有申、辰、丑等，逢火、土炎燥之年，成為個中高手，或正色慾橫流，月令次之。逢壬、癸、亥、子年或月，改邪歸正，棄暗投明，（或想結婚，且會結婚。）若逢行運則其情形當綜合參看，即以腎臟生理因素而論其色慾之變化，男女同論。

2. 遍野桃花及偷香：生於巳、午、未月或命局火旺極強，命中有水調候，逢剋水之年，必有外遇或桃花運。若命中有官星管束，保守者當另論，依其個性傷官而定。

3. 齊人多福：命中財星為喜用，且在命局中佔有相當之地位，即已具備得女性之青睞及想染指垂涎女性、風流之本性。（財即色、即女性、佔有，當然須有上述喜用之條件。）至於風流之程度，得再綜合上文參看，即加上一、無人管他。二、敢。依據、運分輕重。若命中不見財星，須逢財之歲、運方有財、色之沖激。平時則淡薄財、色；或命中有財但受到抑制亦同，通常此兩者與佛，道皆很有緣，且成就高人一等，成聖、成佛此為先決條件，若未能看開，何能有成，但須財星為喜用，方能以財養身、求上進，而不會陷於財色之困。

4. 倚身章臺：女命官、煞剋身太過，受辱出於被迫，再加上傷官，即是半出於心甘情願，或傷官受制，逢失去控制之年月亦同。或逢輾轉剋身之歲、運，即是平日守身自愛，卻遭被騙、侮辱、強暴或結婚失身之刻。

本文之公開秘訣，洩露天機，願能幫助讀者之研究，選擇對象之參考；願能輔助相者：合婚、配婚、論斷之旁據。

例一　之子有疾

A.乾造　民國四十五年五月二日未時

偏印	丙申	食神
偏官	甲午	正印
日元	戊申	食神

十	乙未	十五
二十	丙申	二十五
三十	丁酉	三十五
四十	戊戌	四十五
五十	己亥	五十五

六十　庚　子　六十五

劫財　己未　劫財　七十　辛　丑　七十五

生於芒種後四月六日時辰。

大運於八年十一個月二十日後上運。

每逢乙、庚年立夏後二十六日交換。

B.乾造　民國五十年五月十三日寅時

食神　辛丑　比肩　七　癸　巳　十二

十七　壬　辰　二十二

正官　甲午　偏印　二十七　辛　卯　三十二

三十七　庚　寅　四十二

日元　己丑　比肩　四十七　己　丑　五十二

五十七　戊　子　六十二

正印　丙寅　正官　六十七　丁　亥　七十二

生於芒種後十八日十一時辰。

大運於六年三個月二十日後上運。

每逢丁、壬年寒露後九日交換。

C.乾造　民國四十五年六月二十八日申時

正財　丙申　正印　二　丙　申　七

十二　丁　酉　十七

食神　乙未　偏官　二十二　戊　戌　二十七

三十二　己　亥　三十七

日元　癸卯　食神　四十二　庚　子　四十七

五十二　辛　丑　五十七

正印　庚申　正印　六十二　壬　寅　六十七

生於小暑後二十八日二時辰。

大運於一年一個月後上運。

每逢丁、壬年立秋後二十八日交換。

D.乾造　民國四十年六月四日申時

傷官	辛卯	正官	十一	癸	巳	十六
			二十一	壬	辰	二十六
偏官	甲午	正印	三十一	辛	卯	三十六
			四十一	庚	寅	四十六
日元	戊申	食神	五十一	己	丑	五十六
			六十一	戊	子	六十六
食神	庚申	食神	七十一	丁	亥	七十六

生於芒種後三十日十時辰。

大運於十年三個月十日後上運。

每逢丙、辛年寒露後十一日交換。

E.乾造　民國四十六年五月二十八日寅時

正印	丁酉	傷官	七	乙巳	十二
			十七	甲辰	二十二
偏印	丙午	正印	二十七	癸卯	三十二
			三十七	壬寅	四十二
日元	戊辰	比肩	四十七	辛丑	五十二
			五十七	庚子	六十二
偏官	甲寅	偏官	六十七	己亥	七十二

生於芒種十八日十時辰。

大運於六年三個月十日後上運。

每逢戊、癸年白露後二十九日交換。

◎論命時間：民國六十七年至七十一年。

◎論命經過：

本例「之子有疾」，連舉五例，想必能讓讀者加深印象，余斷其均於民國六十六年丁巳年炎夏後，及戊午年，正走桃花運，或成為個中高手，此後年年皆有進步，殺生無數，七十一年春後方漸厭倦收心，有的想結婚；懇切勸其行事以德為先，莫遺禍於後代，製造腎、泌尿系統之患於將來，後悔會莫及，雖然明知氣數難逃，說亦無用，相信讀者也是會這樣做的。有的論斷後，還會來個得意洋洋之狀，奈何！此乃先天體質之已定，其必會如此做，才能滿足色慾，才會累積愈來愈腎氣不足，導致性病、腎患，請與「疾病之實例」－腎臟、泌尿系統之患參論。

又高手中仍有超級高手，此五例讀者試細分之，那個命造殺生最多，排名第一？那個命造若中標得性病最重？依此型八字觀之，顯然命中腎水不足，腎水不足，腎元虧虛，或許能從體質上改變，借重現代科技、醫學之發達，改變命運，斯時天下太平，強暴、為非作歹消聲匿跡，蒼生之幸哉。又似此八字，雖然好色，但未必人人會做出強暴作歹之行為，宜仔細察看命中制化之狀況，配合流年、大運參論，有的係單獨行動獵取目標，有的係集體糾眾逞暴，有的會惹禍上身，犯官符、或損財、或挨揍、或患梅毒，不一而足，若功夫未到家，或只分析對象是否高手，此篇論斷之資料已足夠有餘；但可得留意夫人是否同行而來。

◎簡論命造

A.造：六十六、六十七年服役時，得了傳授開竅，殺生不少，一反其過去之茫然好奇而已，導致退伍後，仍多造孽，辛酉年還被逼迫結婚，但和解了事；斷其七十一年春後，循規收斂，較安份守己，示七十二年秋後緣來。只不過較安份以來，卻淫書一大堆，每天勤練招式，下功夫，妙哉！高手。

B.造：於七十年庚寅月患梅毒，其時在獄中，請詳「官符之實例——例二。」可見於此道並非簡單人物。

C.曾任電台播音員，事親極孝，卻性好漁色，若以乙易甲，恐場面更不凡。

七十年甲午月損財虧累，因色致禍隱然可見，今逢壬、癸年及後運亥、子調和五行，當可收斂心性，改頭換面。

D.造：學歷不高，早入社會，於十五歲乙巳年後，連接己運，腎水更加受到沖激，有害身心，至辛亥年冬，歲運輔助，接連三年編織愛花。

E.造：六十六年丁己年大運在巳，火旺攻腎，色情惹禍，問題鬧得很大，幸和解了事；人小鬼大，乙巳年後己催促。

例二　遍野桃花

乾造　民國四十二年三月二十六日巳時

傷官	癸巳	偏官	二	丙辰	七
			十二	乙卯	十七
正官	丁巳	偏官	二十二	甲寅	二十七

三十二　癸　丑　三十七
日元　庚申　比肩　四十二　壬　子　四十七
五十二　辛　亥　五十七
劫財　辛巳　偏官　六十二　庚　戌　六十七

生於立夏後三日三時辰。
大運於一年一個月後上運。
每逢甲、己年芒種後三日交換。

坤造　民國四十七年六月十四日丑時

比肩　戊戌　比肩　九　戊　午　十四
十九　丁　巳　二十四
劫財　己未　劫財　二十九　丙　辰　三十四
三十九　乙　卯　四十四

日元	戊申	食神	四十九	甲寅	五十四
			五十九	癸丑	六十四
正財	癸丑	劫財	六十九	壬子	七十四

生於小暑後二十二日一時辰

大運於七年四個月十日後上運。

每逢乙；庚年大雪後二日交換。

◎論命時間：民國七十一年戊申月。

◎論命經過：

本例命主知悉多年，算命也非僅一次，戊申月只係整理之時間；由乾造可看出，生於初夏，火勢過旺，癸水雖透調候，根本無法發揮多大效用，仍屬吊馬子吃免費之高手，但並非同例一相似，不是性飢餓者，屬於次等角色，依照上述理論，命中無財，當淡薄財、色才對，本命卻例外，蓋生於炎夏，雖有水星卻被包圍烘乾之故，況正行財運，更洩水氣生火，財、色多衝激誘惑。自甲寅年來，即逐年不同凡響，經驗豐富，傷害良家婦女，當然有些亦係出於自願；與妻結婚係奉兒女之命，迫不得已，婚後自六十六年至六十八年仍多不安份，節外生枝，幸妻以智取，終無不良後果；與坤造兩人於戊午年、己未年，尤其己未年間，暗中往來，坤女明知郎君有妻，卻仍捨不得，且乘其妻不在，公然入室，送上門來，其妻早有耳聞，且婚前已知夫君嗜好此道，又本性善良，不願製造家庭風波，遂於某日逮到證據後，約坤女談判，終於感動平息這段孽緣。而坤女於丁巳、戊午年，亦曾與他人有一段纏綿，斯時命中癸水、申中壬水皆棄，性慾誘惑大於情緣感受，嘆造化之作弄人，一般論情緣，皆以合官星或夫妻宮為據，加上此生理五行變化，當能更洞悉天機。

◎簡論命造

乾造日元庚金，生初夏，七煞當令，命局官、煞會黨，火旺衝天，緊迫鎔金，巳申合而不化，丙火傷庚；取癸水制火存身，卻嘆自身難保，熊熊烈火，滴火立乾，此天地自然之理；腎水不足，導致性慾引誘，埋下將來左腎之患，盡皆有定。

再逢財色之歲運，木來洩水燃火，雙重因素，引致人生百態中多此一態，人為乎？命運乎？

坤造日元戊土，生季夏，命局厚土重重，取食神生財為喜用，五行配置尚無差異，亦無此不良嗜好，奈逢行運戊、午、丁、巳、丙，一路烈火宣洩水氣，自幼即受到命運之洗禮，長大後行丁火之運，加上流年火、土，明哲保身易嗎？依本性而言，保守內向少主見，隨波飄流，皆為主要原因，欲待洗盡污穢，唯候辰運辛未年庚寅月來臨。

例三　偷香竊玉

A.乾造　民國三十七年四月十五日亥時

比肩　戊子　正財

五　戊午　十

十五　己未　二十

正印	丁巳	偏印	二十五	庚	申	三十
			三十五	辛	酉	四十
日元	戊申	食神	四十五	壬	戌	五十
			五十五	癸	亥	六十
正財	癸亥	偏財	六十五	甲	子	七十

生於立夏後十八日。

大運於四年五個月後上運。

每逢丁、壬年寒露後十八日交換。

B.乾造　民國三十八年六月二十九日未時

偏財	己丑	偏財	七	庚	午	十二
			十七	己	巳	二十二
偏官	辛未	偏財	二十七	戊	辰	三十二

日元　乙卯　比肩

偏印　癸未　偏財

三十七　丁　卯　四十二

四十七　丙　寅　五十二

五十七　乙　丑　六十二

六十七　甲　子　七十二

生於小暑後十六日九時辰。

大運於五年七個月後上運。

每逢乙、庚年立春後十七日交換。

◎論命時間：民國六十六年至七十一年。

◎論命經過：

自例一至例三，讀者必可發覺一事，即都是巳、午、未月出生，可見鬧出桃花風波，其佔有之比例相當大，但本例可說是較特殊，蓋A造雖生初夏，但水星三顆，又有金生，腎氣足足有餘，但卻並非是風流高手。B造財星為忌，且季夏癸水調候，有金引化，腎氣亦足，當無是弊之理；可是兩人不約而同，於戊午、己未年，踰牆偷香，女生雖系某情願，香肉也吃到了，在己未年緣盡前，家庭旋起了一陣狂風暴雨，至七十一年皆循規蹈矩，令人感嘆命運之變化萬千，不可思議。而A造係筅於庚申年春，手相紋路上探知六十七年炎夏後有外遇桃花運，八字論命乃後事。而命理上的一些發展突破，相學有相輔相成之功，對於八字生辰不準者，更能發揮其作用，有些論斷更快捷，但精細入微，仍須以八字為主。

◎簡論命造

A.造日元戊土，生於初夏，母旺子相，印星又透，戊土相助，身元不弱，奈巳申合，財星皆近傷印綬，取比肩分財為用；惜命上雖然如此，走流年戊午己未年卻未必為吉，比肩奪財，反失中和，事業困頓；走庚申、辛酉之鄉，卻反生水傷火，失卻平衡，家中失和又長上欠安，心身俱疲，皆顯現無遺；再歷壬戌，癸亥年，助財傷印，加上巳亥沖提，大運辛酉，辛金用事又佳祿，自癸亥年秋後，刑剋喪親必然於甲子月可見。前逢丙辰年稍吉，丁巳年後直走下坡，全賴命中之財妻，亦喜亦忌相助，喜者副業輔助，忌者口舌常見，一生以行本年最上，此乃命局交戰之缺點，致一生運程不平坦，起伏變化多端。

B.造財多身弱，取癸水調候兼洩煞氣為用，喜卯木分財，喜用易分，一看便知，若逢去癸傷卯，禍害立見，即失去平衡；若初學者，無人點破玄機，恐怕窮通寶鑑不翻破才怪，可是於命例而言，本造卻是最簡單的；財多藉煞相欺，日元反怯，亦無討好異性之本錢；逢甲寅乙卯年合財又助膽氣，變愛結婚一氣呵成，乙卯年冬婚，經戊午、己未年傷印，腎水偏枯遂有風波，若辛、癸易位卻未必如此。

例四　齊人多福

乾造　民國三十三年九月十四日巳時

正印　甲申　正財　四　乙　亥　九

十四　丙　子　十九

正印	甲戌	傷官	二十四	丁丑	二十九
			三十四	戊寅	三十九
日元	丁卯	偏印	四十四	己卯	四十九
			五十四	庚辰	五十九
偏印	乙巳	劫財	六十四	辛巳	六十九

生於寒露後二十一日八時辰。

大運於二年十個月後上運。

每逢丁、壬年立秋後二十二日交換。

◎論命時間：民國六十九年庚辰月。

◎論命經過：

本例與前諸例又皆不同，於社會上佔有之類似情形，其量亦不少，但有輕重之分，如前所述：1.財星為喜用，佔有極大之地位—具有討好異性之本錢。2.八字無官管制，沒人管。3.傷官強旺居月提，敢且膽氣十足，但上有甲木母親管束，下藏卯木卻卯戌合化火；亦即「再來一個」須有東風為引，只要甲木不再管制，且與我一氣贊同時，即係不再堅持，享齊人之福來臨，果然如此，在丙辰年，先合財緣來，再於秋後奏母納妾，家庭革命少不了；而此妾乃風塵中人，任職貨腰；婚後即妻妾兩地而居，命主常以補腎藥劑滋身，嘆難為人夫，可為好色者之借鏡。辛酉年沖妻宮，偏財入命，與妾短暫分居，七十一年夏又合。今壬戌年戊申月後，大運轉入寅木，沖財制傷官，事業自癸亥甲寅月後，必叢生異端，歷丙寅年恐緣盡情了了。其於丙辰年經商賺入兩百萬，亦係典型之飽暖思淫慾。

◎簡論命造

日元丁火，生於季秋，傷官當令，月令洩氣失時，然命中印綬重見，又得巳火相助，由弱轉旺，反取財星護傷官，其財星之份量及重要性，由此可見，加上無官約束，縱遇，有印引化反吉，又有巳火助膽，傷官更可一意孤行；平日之好色，背地走風塵場所，積來已久，可見財色同源，一般欲淡薄視之者，少之又少。而次等角色者，以上論之三項分輕重即可知曉；一般以其丙辰年合財，有桃花運臨，但結局如何卻未必可知，此即分毫之差矣。

例五　倚身章臺

坤造　民國三十七年十月二十八日亥時

傷官	戊子	偏官
偏官	癸亥	正官
日元	丁巳	劫財
偏財	辛亥	正官

八	壬戌	十三
十八	辛酉	二十三
二十八	庚申	三十三
三十八	己未	四十三
四十八	戊午	五十三
五十八	丁巳	六十三
六十八	丙辰	七十三

生於立冬後二十一日。

大運於七年後上運。

每逢乙、庚年立冬後二十一日交換。

◎論命時間：民國七十年己亥月。

◎論命經過：

本命例於李居璋前輩之大作，亦可看到：官星者丈夫也，官煞當令又混雜剋身，丈夫一大堆不言可知；傷官獨透，雖洩卻無受到剋制，半出於自願，然官煞過旺，卻財之唯一助力，亦受到侵害，被迫出於無奈，卻佔有最主要之因素，加上行運辛酉、庚申為財犧牲，歷歷在目；幼年流年多逆，加上月柱為凶，不見印星，遭父母之棄，家庭失恃，皆為人生坎坷之原因，觀之令人鼻酸。余斷其丁巳年至己未年，錢財累積，（命中顯示倒貼小白臉，卻未指出。）近兩年來，即庚申、辛酉年，受友之累，損財連連，多年累積，付之流水，致飲食不下，心神頹喪，婦女疾病，腦神經衰弱，失去求生慾望，嘆人生苦命人何其多。命中唯逢木年轉化官煞，方為出頭之日，惜後運不見，全看流年之來去；若取食、傷護身，卻仍多問題，未能正名，莫非一生之命，此祖墳仄積弊，祖上、父母之失德，禍遺子孫，誰曰天下間沒有公理呢？唉！

◎簡論命造

日元丁火，生初冬，官星秉令，又官煞混雜，日元弱甚，取劫財幫身，傷官制煞為喜用，惜巳亥雙沖，一片寒凍，一般或以為從格視之，豈悉丁火坐巳，根基牢固，雖受沖卻不容見棄，類此八字，蔭生之祖先遺骸皆有侵蝕。未來前程於七十二年秋後，疾病纏身，甲子月恐黃泉路上多徘徊，心志崩潰，禍害滋生，後運未享，人生空來回。此命貧血、心臟乏力皆為將來致命之因。

命宅合參之實例

堪輿風水分陽宅和陰宅。陽宅乃生人之所居，陰宅乃先人之所藏。陽宅開門納氣，呼吸立應，與你我息息相關，零正顛倒，禍福立辨，可以歲月，事實佐證，絲毫不能僥倖；與命運相對獨成一格，細分輕重，可察窮通。陰宅立碑引氣，分山龍及平洋龍，山龍取地氣之精，平洋龍收水之華，隨葬隨應，與葬後出生子孫，八字命運脈脈相連，可依巒頭、理氣預言在先，八字命局為證。或覆舊墳論所蔭生子孫之興衰，歲月禍福，富貴公位……等，亦係印證之法，但局限於巒頭及納氣不能有所變動。

人生學海一片無際，稀奇古怪令人費解的事也很多，今之科學發明，深入外太空，在古人來說，簡直莫名其妙，不可思議；可是以生活在現代的人類來說，仍有無盡的未知數，等待去獲知答案。無論是社會科學、自然科學、人生哲學……等。通常一般人，受到科學進步的影響，事事皆須經過求證，親眼看見才會相信，這是社會潮流的趨勢，尤其是學理工的最明顯，而本篇的敘述，與傳統不一樣，命宅合論，有事實考證。因某些原因，風水部份無法詳盡說明，讀者可慢慢體會。

堪輿學派分九星、三合、三元，其學理正如其名，其中三合及三元較多人學習，而究竟孰是孰非，則須以時間年月及事實來求證，有人說三元是真的，可是三元派來有假的；亦有真中滲假的，以吾師　法馨居士為例，拜師十數位，真假皆有，三元為真，承繼祖師聖空法師之道統，接續祖師蔣大鴻之一線傳脈，惜很少應世，恐須時運相催。恩師著作有《三元秘傳陽宅大成》、《堪輿漫興補註》。余得恩師傳授後，歷次印證，更信斯真，避免浪費寶貴的時間，去研究其他人生哲學，感激不盡，千言萬語難以言謝，謹以本篇之心得及本書之著作，向恩師　洪老師，致最高的敬意及謝意。

又風水寶地本不多，福人更難求，況余當初學習堪輿旨在興趣，探討命宅之原理，純為後世子孫設想，私心自用；後為一些朋友、親戚相陽宅後，愈斷愈心裡難過，蓋內氣凶者居多，年月及事實擺在眼前；遂亦為一般民眾服務；但陰宅墓地恕不為客作福，原因如前所述，至於其他因素不再細述。風水地理亦不授徒，敬請原諒。

陽宅斷法，一般以「八宅明鏡」為依據者居多，詳細內容，不再介紹；其最大的缺點，就是缺少時空的運轉，譬如：挨排納氣：延年、天醫、生氣、（伏位）則永遠都是吉，挨排五鬼、六煞、禍害、絕命則永遠都是凶。猶如八字命格好，永遠認命是好，八字命格壞，一生永無出頭之日一樣，沒有大運、流年、月日之配合，讀者思之自明。恩師之《三元秘傳陽宅大成》於外氣方面，敘述巒頭理氣，極其完備，配合現代建築物申論；則留待口傳，並未筆之於書。讀者若有興趣，可分析研究之。

陽宅納氣，呼吸立應，禍福自知，洞悉訣法，是求證地運及天地間運行之零正，最佳之途。對陽宅之地運及零正瞭然，應用在陰宅才不會出差錯。

一般來說，有的宅居合乎地運但零正顛倒，亦有的地運失元但零正無誤者，皆難盡善盡美，歲月相見，禍福自分。通常陽宅煞氣侵入，滿三年到四年即已相當嚴重，尤其老人及流年不利的人，更見一斑，至於開刀何病、車禍傷身……等，各因納氣不同而區分。亦有結石生瘤、癌症者，依照愚之求證，壽終正寢時間，仍須以八字命運為準，至於生何病或何事禍害，卻須命宅合參，有的瘁於陽宅煞氣之疾病，亦有的逝於命中註定之患，不一而足；基於此因，批八字及相宅，若不合論，逢本身之凶日，就會受到困擾，失去準驗；若再加上陰宅之論斷，那真是麻煩看不完，追蹤探討頗多複雜性。又陽宅煞氣若已在體內形成，如生瘤、結石、胃出血、尿毒……等，其納氣修改易動後，是否能將該毛病事故馬上消除呢？答案當然是不可能，蓋煞氣之累積，並非一朝一日，而係經年累月，修改只能自此切斷煞氣因緣，不會被宿疾所困；求醫藥石見效，或藉超心理靈電治療求速效，方為正途。

若修改後從此引入吉氣，自然又不同，但因一般宅居有地理地相催者，可謂寥寥無幾，欲完全改變命運實難哉！何況受元運支配，目前雖吉，若干年後，亦將引入煞氣，有好有壞，分陰分陽，萬物、萬事俱煞，依此探討人生哲學，可辨真偽。一般又喜在辦公座位上作文章花腦筋，年年更動，最忌三煞方，向煞及坐煞皆不宜，此項學術，學者頗多，筆者才薄學淺，在此不願置評，讀者可自行分辨，印證上主要配合年月及事實便可知，其他之研究亦同此理。在工廠方面，愚因在某石化下游化工廠服務七年餘，配合地運及廠內發生之事故，累積求證，益證三元之真，但沒有大股東、董事長之八字為據，完全以地運為主。蓋若洞悉地運變化，則知目前之富貴大地，其方位配置何者逢元，即龍眼開，蔭生之八字喜忌神為何，推知歲月起伏，日月吉凶，盡皆知悉。進而得知世界之經濟、政治、軍事……等之特殊變化。當然欲窮天機，仍有諸多不足；另有觀星法，依天星之角度形成判斷吉凶，星球之間（包括日、月、金、木、水、火、土及天王、海王、冥王星等）角度若六十度、一百二十度為吉，若九十度、一百八十度為凶，當然判斷分析上，依功力而不同。且觀星術自望遠鏡發明及太空船發射以來，進展神速，嘆人類之渺小，學海之無窮。配合上在天星、地理、人命必然吻合。

說起來亦是一件很奇妙的事，工廠的機械運轉，其本質是人為控制而沒有生命的，機械之正常運轉及停車修理，竟能依地運看出年月日甚至時分，屢試不爽，人為疏忽或自然因素亦能分辨，生產系統或公用支援系統也可看出，但因機件甚多，愚功力尚不足以直接指出那一樣機器故障，如同八字凶象顯現，無法指出人名、地名一般。而推算並非假藉鬼神之力或神通得知，此項考證純以大型工廠為主，詳細內容將於後篇「天機」引申論述。本文的說明，主要在述論，因一般工廠，於廠內機器故障時，動輒以風水欠佳須修改，或鬼神侵擾所致，徒增麻煩，反正在求生本能上，想盡辦法去探尋答案就是。又辦公座位之挨排，一般皆以涉及升官降職而論斷，愚亦累積考證過，同一個辦公室裡，座位均未變動，內氣亦未變易，且零正顛倒，至少有六年時光，在這種條件下得知幾個結論：

1.同一個座位上，有的人一年升官一次，有的人三年才升官一次，但連升數級；可是升官的流年、月份卻係依照八字命運而已先得知。

2.同一個座位上，有的人一年升官一次，有的人卻一年就降職，也是在八字上已先預知。

3.綜合以上兩點知，辦公室因非富貴大地，升官或落職，完全照命運的旅程進行，無法改變命運。

4.辦公室內氣零正顛倒，但因上班時間不會超過在家裡的時間，辦公室的煞氣，並未造成任何傷害。（一般而言，在家裡的時間，尤其寢室時間最長，煞氣侵入，論斷百試不爽，誠如師云：「活人墓地」。）

5.人事上的和諧與否，完全依照八字命運。身體上的疾病亦同。（當然亦有受到住宅所影響的。）

以上所舉，本篇不舉八字說明，讀者若有興趣可自己學習求證。

陰宅植骨立碑引氣，藉地靈之力，保護祖先之骨頭，存藏久遠，以祖先（直系血親）之靈骨發射靈波或如電波之類，蔭生後代子孫，而決定了子孫之生辰八字，影響其一生之禍福，此將於後舉例印證。故余常謂：祖墳吉兇蔭子孫，先天命運之根源。求地種德方獲福。陰陽二宅宜細詳，零正顛倒禍旋踵。蓋天地間之至理，均有軌跡可尋，以「求地種德方獲福」而言，天地間本來就很公平，富貴大地並非人人可得，亦非俯拾皆是，有的人想買卻買不到，別人不賣；亦有的人買到卻得不到，蓋馬上就遭到人為或自然破壞，更有的人不信地理風水這一套，或未遇明師連聽都沒聽說過，此種種皆因少了福份，三代積德不足之故（祖父、父、我謂三代），亦有祖上積德，自己損德的。當然包括地理師在內，若不積德，富貴大地唯有在夢寐中相見，以上所述，愚皆曾遇過，可見世界上唯有「道德」才是標準，不論是任何人種、任何宗教信徒、任何富商貴人、販夫走卒都一律平等。

以富貴大地之結穴來說，山龍來脈綿長，貴氣重重，周圍及來龍有數公里之遙；到達穴場時，納氣收清，深淺適度，植骨引地氣，真龍正穴所得範圍極其有限，造一填剛好，垂乳穴則例外，至多三填，以中為尊，並非處處是龍穴。而且有的來龍並未當運，仍不能用，雖然看起來，來龍有情，甚至日月扛峽、帶刀劍、帶倉帶庫……等，說美麗有多美麗，也是一樣；未當運的富貴大地，煞氣最重，應驗迅速，求福反得禍。基本上若從陽宅的地運、零正探討求證，則陰宅的應用才不會出差錯。從社會上大富大貴之人數，即可知：富貴大地本不多，穴場更有限。至於平洋龍，同山龍一樣細分枝幹，有來脈綿遠，行龍束氣，局勢周密，兜乘或迎水結穴；亦有前朝積蓄，交鎖聚氣，綿密有情，滴水收清，至少有數甲或一望無際，一般社會上富貴人士，以平洋龍蔭生者居多；當然受元運所支配，未當運之龍穴，縱然可容千軍萬馬，氣象萬千，貴氣無數，時運未到仍然不能用，如同八字有歲運之分。

前面述及，陰宅之影響，純以葬後出生的子孫八字命運為主，對於已經出生的你我，影響又如何呢？由於受到祖先舊墳的蔭生，先天的八字命運已經形成，身體骨骼、五官……也已固定，一生的吉凶禍福，已成定數，有跡可查，只要能精算八字或其他命術，考證並非難事。以古代即有斯法，今世又盛行的「壽墳生基」來說，用些許的毛髮、指甲，藉地靈之力，圖改變命運，讓月亮永遠是圓的，奪天地之造化，只要能精確運算，考證亦是容易之事。

據恩師所授，及余親眼目睹印證，陰宅若得富貴大地，對於已出生的子孫，確實可以改變命運，不只是墓碑變色的問題，五官的形象、氣色，自然會改變，催富催貴，逐年累積，當然要積德行善培育福地。而催發的程度，約七分之一左右，詳細情形，仍有待進一步印證，而催發的時間，並非三、五年內即可達到最高峰。富貴大地本不多，催助尚且如此，中富中貴或小富小貴者，其影響情形更加微弱，一般民眾不加以分辨，幻想祖先或父母屍骨葬後，立見效應，升官發財樣樣來；偶遇流年命運催發，即歸功於新墳之遷造，置舊墳蔭生之八字命運不顧，這種情形例子甚多；亦有的很倒霉，葬後，歲運接二連三逢凶禍發生，即懷疑新墳之不吉，或謂凶地，或稱日課為禍……等等，不知命運之逢逆，亦係蔭生之舊墳正逢煞氣，地運逢忌，甚至零正顛倒。或係住宅煞氣顯現侵入之故。此種情形屢見不鮮；通常亦係那位地理師，適逢凶年或凶月，才會接到這種倒霉的生意，若不能樣樣明察秋毫，遇上時真是有口難辯，徒增困擾。同樣的情形，若逢命運興發，眾口相傳，那亦是合該那位地理師要揚名，錢財滾滾而來，想擋都擋不住。又若於以後歲運逢凶，當如何自圓其說。至於「壽墳生基」所應用之毛髮、指甲其量甚少，佔有身體的重量比例約在幾百分之一，茲以百分之一計算，除了真龍穴外，（況且穴場其數稀少）催發年限，亦非在三、五年內即可達到最高峰。讀者細細分析，自可明瞭效果如何。

總之：影響大局的，仍以八字命運為主，得到富貴大地蔭助的，終是極其少數人。余常勸人，不用留給子孫眾多錢財，只要多積德行善，祖先屍骨得到富貴福地之蔭，後代子孫自然會在良辰吉日誕生，欲富欲貴有何難哉！又有些人埋怨行善積德不少，卻仍然那麼歹命，莫非行善白做，事實上最起碼，因為您的積善，福蔭了後代子孫，他日尋覓富貴吉地，自然容易多了。依靈學的觀點來說，種善因亦會在將來獲得果報的。只是想改變命運，並非一件輕而易舉之事，因為生為人類受著無形氣數之限制，流年吉凶，如同季節變換，很難改變。以佛教藏密之活佛：若那金剛的神通廣大，仍受命運之支配；在清宣統三年，前藏達賴聯英，遣軍侵康，上師率康軍七千餘人，與之交戰，轉戰八年，在民國七年（戊午年）農曆三月於昌都被執，在該年戊午月辛丑日，囚禁於土牢，食毒不死，後於民國十二年壬戌月戊辰日脫困逆出土牢，均在命局上可看出來。上師之生辰：同治四年乙丑年五月十五日寅時。乙丑、壬午、己酉、丙寅。讀者研究自知。

命與陽宅部份

例一　坐骨神經、骨刺之患(一)

乾造　民國三十五年九月八日巳時

正印	丙戌	劫財
偏印	丁酉	食神
日元	己酉	食神
比肩	己巳	正印

四	戊	戌	九
十四	己	亥	十九
二十四	庚	子	二十九
三十四	辛	丑	三十九
四十四	壬	寅	四十九
五十四	癸	卯	五十九
六十四	甲	辰	六十九

生於白露後二十三日九時辰。
大運於二年三個月十日後上運。
每逢戊、癸年小寒後四日交換。

◎論斷時間：民國六十八年癸酉月。
◎論斷經過：

本命例是友人之兄，住宅坐北朝南，已有二十餘年歷史，因屬舊宅，地運失元，零正顛倒，煞氣侵入已久，余直斷其患有嚴重的坐骨神經、骨刺。在六十六年乙巳月病情最重，須藉物行走。以後每年的某月，均會復發，無法完全治癒。（當時尚未看其八字命造）

後來驗證病情完全正確，受累已久，且於六十六年（何月記不清楚）在北部以鐵器擋住脊柱，由南部搭乘飛機至台北治療，臨上飛機時，被探測器探出身上有問題，呈金屬反應，慌亂一場，以為有人要劫機，結果掀開一看，原來如此。正應了卦意藉物行走。妙哉！

依八字命局來說，成均衡狀態，字字皆為喜用，丁巳年食神受傷，失去平衡，得大運子水反撲烈火，太歲雖凶，命尚不致敲鐘，然命宅雙雙為害，凶上加凶。又至乖蹇命上平添肺部及血壓偏高之患，五行屬木的坐骨神經、骨刺卻絕難在此時相見，致寸步難行。全家而言，各室引氣大都雷同，獨有本造受大害，其餘禍害較小，原因有二：其一：該丁巳年煞氣侵入，本乾造又逢凶年，霉上加霉。其二：各室納氣皆同，但內部陳設、格局不同，本造為所有格局中最凶；煞氣集聚於此，終成禍患。

例二　坐骨神經、骨刺之患(二)

坤造　民國十九年七月二十四日辰時

傷官　庚午　偏印　　四　甲申　九
　　　　　　　　　十四　癸未　十九
偏官　乙酉　食神　二十四　壬午　二十九

三十四 辛 巳 三十九
日元 己巳 正印 四十四 庚 辰 四十九
五十四 己 卯 五十九
劫財 戊辰 劫財 六十四 戊 寅 六十九

生於白露後七日七時辰。
大運於二年六個十日後上運。
每逢戊、癸年驚蟄後十七日交換。

◎論斷時間：民國七十年戊戌月。

◎論斷經過：

本命例是親戚之鄰居，住宅兌山震向，亦有二十餘年歷史，內氣之納氣同例一完全一樣，命理上的喜忌也近似，但唯一差別在：例一之卦氣，在該宅各室幾乎佔大多數，只因巒頭之差別，氣聚有偏。本例則只佔一室，其餘二室納氣不同，例九即是。卻因卦氣之差別而分輕重，氣聚於此，同樣染疾已久，亦在六十六年煞氣再加重侵入，骨刺之處開刀，卻仍無治癒。

觀察此宅時，憋了一肚子氣：

余細察內氣、外氣，當時坤母及讀台南家專的小女兒跟隨在後，在其小女兒寢居處，余察出零正顛倒，患有曼谷A型感冒的症狀，由來已久，雖然此病理上的名稱，在七十年才發現、公佈；過去不算她今年（辛酉年）已染患第三次，指出月令印證無誤後，其鐵齒的父親踏入門來，余向其指出厲害關係，示其修改，移變卦氣，否則下個月還會再來一次；結果，或許他瞧不起我這個未滿三十歲的小伙子，不信邪又很不客氣的說道：「哪有這回事，下個月我來住住看。」當時，我火大了，心想既然你不信還請我來，莫非瞧我是草包，存著拚面子爭口氣，賭氣說道：「你不信沒關係，我所斷的病症及發生的時間，你的女兒已經印證過了，不信可以問一問。既然你想試試看，現在就可以搬進來（因為時間愈久，煞氣會愈重）。」說完余停頓了一下道：「這樣好了，我再看看你們的房間再說。」由於肚子裡憋了怒氣，心想既然來了，總得看完再走，信不信是你家的事。

余細察內氣後，以羅盤看之再三，確實無誤後直言斷曰：「坐骨神經、骨刺。最近幾年以六十六年某月最嚴重，較近的在上個月仍有復發。」因為這種病狀住宅，己見過無數，對於所學亦相當有信心，述完後抬頭仔細瞧瞧老先生，以求印證，發現老先生面呈白色，露出不可思議，相當尷尬的表情，余向其妻指出修改方法時，轉眼即已不見人。事後，其妻向敝親戚述道：「夭壽哦！真厲害的準、準、準。」敝親戚回答曰：「還好我不知道妳有那種病，不然就被妳說成是我向他偷講的。」其實，厲害的不在我，而是年齡上只多我五歲的洪恩師及所傳授歷經千年的訣法依命局配合流年來說，確實是凶年，同「例一」相似，於此不再分析。只是令人想不到，宿疾竟是宅因。當初在丁酉月論命時，幸未問及此問題，否則當時洩氣頭痛自所難免。

依一般的想法，此例寢室住著夫妻二人，為何獨有妻子嚴重，說起來甚簡單，丈夫生意繁忙，於該寢室的時間，反比不上妻子長，且有別的房間分散煞氣，須以工作場所為主。卦氣上的分房位，卻未完全可用。丈夫生於民國十七年二月二十一日午時。戊辰、乙卯、辛亥、甲午。虛歲九歲上運，逢丙、辛年立春後十六日交換。

例三　坐骨神經與腰部之患

乾造　民國四十五年三月十二日酉時

正印	丙申	傷官
正財	壬辰	劫財
日元	己未	比肩
偏財	癸酉	食神

五	癸巳	十
十五	甲午	二十
二十五	乙未	三十
三十五	丙申	四十
四十五	丁酉	五十
五十五	戊戌	六十
六十五	己亥	七十

生於清明後十七日七時辰。
大運於四年四個月二十日後上運。
每逢乙、庚年白露後七日交換。

◎論斷時間：民國七十年乙未月。

◎論斷經過：

本命例，住宅離山坎向，住宅這一列及對面均屬二樓的國民住宅；剛於七十年壬辰月搬入，住在樓上，夫妻二人及兩個小孩居於一室，另有一室當客廳。

余細察後，發現客廳正逢元，寢室剛於甲午月煞氣侵入，問後才知道剛搬進來三個月。

由於煞氣積存剛開始，余斷曰：「你雖然剛搬進來才三個月，可是煞氣已經進入了，上個月（甲午月）有腰痠背痛然後腰閃到的毛病，現在已稍好些。有沒有？」

回答曰：「有哇！上個月不知道什麼原因，腰痠背痛，腰又被閃到，整整躺在床上三天不能動；吃過藥還是沒有完全好。」隨後，用手指著鋪在彈簧床上的那塊長木板，就是專門為自己所設。

愚續曰：「這個毛病是初期之患，以後煞氣愈久，會帶來腦血管方面的大毛病。至中風、半身不遂。這間寢室要改起來很不容易，有的別人家只要稍改一下陳設就可，你這間卻要改門路。我看不要改了，這間客廳正可催助，你偏住在有煞氣的，互調一下就可以。」隨後依八字及住宅納氣選擇了一個吉日搬動、安床。並指示於若干年後，地運改變，那時又不一樣，吉者轉凶，不過已經老了。

一般來說，總希望每一間均能引吉氣，萬不得已，才要修改門路，不過這樣屋主麻煩，我也頭痛。有的人裡面裝璜的很漂亮，要他重新開門路，他又捨不得，在裝璜上已不知下了多少功夫，重新敲敲打打，簡直要他的命。可是所斷的又沒有錯，事實擺在眼前，一切勝於雄辯。余碰到這種情形不少，最後只有施出恩師傳授的那一招「跑給煞氣追」。寫下了每年煞氣會侵入的月份，逢該月份避往別間暫住，總算解決難題。

依人字及流年分析，庚申、辛酉年、食、傷生財破印，辰、未氣洩在金，處事迷糊，心掛錢財，魯莽無功，傷印不聽教誨。（確然如此，沒有錢置產，欲走捷徑。欲求命理之因素，來得知腰閃之患，事實困難。若謂大運乙木用事，歲運見剋，仍多牽強，蓋壬、癸引化。且又何以在甲午月令發生。誠天地間存在著許多至理，令人不得不信。也有買房屋要拜託我去看！我亦擔憂，恐怕影響進修，因為我必須再求精進，人生苦短，要學習的還很多。以本命而言，由於未就業，在家裡苦思出路，氣聚於身，難怪煞氣找上他。其妻命造：戊戌、丁巳、乙酉、壬午、虛歲二歲上運。戊、癸年小寒後二十二日交換。

例四　腎臟、尿毒之患

乾造　民國十九年十一月二十五寅時

食神	庚午	正印
劫財	己丑	劫財
日元	戊辰	比肩
偏官	甲寅	偏官

九	庚寅	十四
十九	辛卯	二十四
二十九	壬辰	三十四
三十九	癸巳	四十四
四十九	甲午	五十四
五十九	乙未	六十四
六十九	丙申	七十四

生於小寒後六日七時辰。

大運於七年八個月後上運。

每逢戊、癸年白露六日交換。

◎論斷時間：民國七十年已亥月。

◎論斷經過：

本命主經營電機行，近幾年來已交棒給大兒子；住宅壬山丙向，外氣合乎零正，裡，裡面陳設華麗，有五間寢室，三層樓房。其中只有二間逢元無事。但卻空著一間沒有人住。小兒子尚在求學中，煞氣是應在頭痛的毛病，真是不巧，這叫他如何用功讀書？另有未嫁的女兒，煞氣卻應在婦女病，經期不完全，臉色蒼白，又如何能談論到嫁人。當時遷來居住已有四年餘，煞氣已重。（居住幾年，這是余事先必須問清楚的，才能依卦氣判斷嚴重情形。若事實及發生的年月為據，就可以印證無誤。）

余察本命造之住宅時，其男生人不大相信，認為是婦人之見，科學時代還信這個玩意，皆由其妻陪著相宅。但察所住的寢室時，亦趨前旁聽。余斷曰：「您這個房間不吉，氣煞已入。是腎臟引發泌尿系統的疾病。」其本人接道：「沒有的樣子。」我說：「不可能沒有，去年某月已有跡象。今年（辛酉年）壬辰月加重發生，你想想看。」其妻於旁問道：「在那個月裡是有生病入院，不過尿毒是不是？」其意指尿毒是否腎臟病。妙哉斯言，余聽後不覺莞爾。不過以後遇逢此卦，我會直指尿毒。

依八字來看，日元身旺，甲木疏土，取印引化，煞印相生，命局乏財，錢財點滴致富。流年歷經庚申，煞印皆受傷，事業失依，困頓可知，秋後至次生（辛酉年）壬辰月，火氣衰竭，命理上顯現肝臟失調，致心臟乏力，失眠影響右眼之患。卻難發現腎臟尿毒之災，正謂喧賓奪主。

例五　胃患──上吐下瀉

乾造　民國五十二年十一月一日申時

比肩	癸卯	食神
傷官	甲子	比肩
日元	癸巳	正財
正印	庚申	正印

四	癸	亥	九
十四	壬	戌	十九
二十四	辛	酉	二十九
三十四	庚	申	三十九
四十四	己	未	四十九
五十四	戊	午	五十九
六十四	丁	巳	六十九

生於大雪後八日六時辰。

大運於二年十個月後上運。

每逢丙、辛年寒露後八日交換。

◎論斷時間：民國七十年丁酉月。

◎論斷經過：

飲食乃人生存之必須，天天吃飯，難保有一天失慎，吃壞東西拉肚子，偶爾胃腸之患，並非鮮事。只是本例余相宅後，斷其剛於上個月丙申月，胃腸之患且上吐下瀉，指出月令，那才值得研究。其母親經愚說出後，才恍然大悟，原來上個月兒子不知道吃了什麼東西，又拉又吐，攪了一團糟，竟然毛病出於此。

還好這件事剛發生不久，若再過幾個月來印證，恐怕早已忘記了。另外亦看出有常常夢洩、遺精、精門不固之患，不好意思說出，只得作罷。

事實上，經余仔細印證，通常住宅的煞氣，並非無緣無故降臨，而係卦氣上的煞氣或吉氣，無形中支配了生活習慣，讓生活習慣在不知不覺中，去引入好的或壞的，真正說起來是生活不正常引起，亦可以說是卦氣引導造成，可是這無形之宅氣，人能與之相抗嗎？

依命局分析，癸水生於寒冬，月垣得令，食、傷生財，兩火照暖，和樂融融，奈逢庚申、辛酉年，食、傷受制、巳申化水，金生水旺，一片寒凍，情緣分心，讀書不得志，於焉可見。寒氣熄火，胃腸之患積鬱有年，雙重弊病，相偕而來，配合如斯，確為少見。

例六　胃出血之患

乾造　民國十七年六月十八日卯時

正財	戊辰	正財
偏財	己未	偏財
日元	乙亥	正印
偏財	己卯	比肩

三	庚申	八
十三	辛酉	十八
二十三	壬戌	二十八
三十三	癸亥	三十八
四十三	甲子	四十八
五十三	乙丑	五十八
六十三	丙寅	六十八

生於小暑後二十六日六時辰。

大運於一年七個月二十日後上運。

每逢乙、庚年驚蟄後十六日交換。

◎論斷時間：民國七十年巳亥月。

◎論斷經過：

本例先相宅後論命，住宅震山兌向，屬三層樓房。居住已有十年以上，但寢室約有四間，原來住於屬吉的二樓相安無事，於六十九年心血來潮搬至有煞氣的房間住，亦是合該倒霉出事，流年不利加上住宅煞氣，本金加利息一齊算進去，損財欠安接踵而來，莫非冥冥中在教訓桃花荒唐之罪。

相宅時其男主人不在，愚向其夫人道：「您這裡房間有二間是吉的。只有二間有煞氣，這一間（即其丈夫現在獨睡的寢室）在今年的乙未月煞氣再度侵入，有胃病之患，飲食不進。」果然如此，偏偏就在那個月胃出血住院飲食當然反胃，難以下嚥。經修改後，因為催助之卦氣，難以比得上以前住的寢室，勸其搬回，亦如所言。然因為並非什麼富貴福地，催助上終難敵過流年的摧殘，據余至七十一年丙午月斷續得到的消息印證，事業雖如所言，有貴人相助，卻多浮沉；今壬戌年秋後亥水及辰中癸水受傷，恐劫數重重，多年之桃花色慾，將於腎臟上及攝護腺見因果。

依命局分析，日元乙木，生於季夏，財旺身弱，藉亥水及辰中癸水調候，卯木助身，又獲三合木局集聚成氣。大運又得乙木滋助，交遊廣闊，前程一片新氣象，計議好好發揮，撈它一大把。惜出師不利，遇逢庚申、辛酉年，春、秋一片砍伐，逐月進逼受友連累犯票據法。身體方面至多筋脈、風濕之患，乙未之月胃出血。

例七　頭痛之患

乾造　民國八年十月八日辰時

偏財	己未	偏財
比肩	乙亥	正印
日元	乙酉	偏官
正官	庚辰	正財

八	甲戌	十三
十八	癸酉	二十三
二十八	壬申	三十三
三十八	辛未	四十三
四十八	庚午	五十三
五十八	己巳	六十三
六十八	戊辰	七十三

生於立冬後二十日六時辰。
大運於六年十個月上運。
每逢丙、辛年白露後二十日交換。

◎論斷時間：民國七十年乙未日。

◎論斷經過：

本例住宅坎山離向，二層樓房，共有四個寢室。外氣雖然逢元，可是內氣失元。余斷其過去住該寢室時，受煞氣侵入，每年逢某月深受頭痛之苦，以六十六年最嚴重。服藥不斷。確然如此，因為論斷得當，本命主已搬往別間居住約有兩年，適巧納氣逢元，藥石見效，頭患霍然痊癒。經余指出後，才悟悉頭患之來有因。不過因係獨居，其妻又移往於該煞氣之寢室，若非修改納氣，看來還是會有家人受害。

依命造分析，日元乙木，生初冬，月提得令，又得比肩幫身，乙庚合化金，官情向我，命局財、官、印俱足，獨缺火氣調候洩秀，難怪保守，平易近人，為人和藹可親，一家人和和氣氣。以六十六年而言，命局火氣突增，乙木得陽光普照，生機勃勃，秀氣發揮，卻難言吉，有用腦過度，致腦神經衰弱之患，亦因煩憂所繫，重情義為友所乘。命宅一搭一配，登堂入室，遂成宿疾。若非福至心靈，趕緊避走，宿疾難除，更遑論有心情在近兩年去旅遊。

依一般情形來說，住宅不吉煞氣侵入的屋子，並非一定是每個人住進去都會倒霉，這種情形在公寓最多。一般都認為同一種類型，同一種座向，應該好壞一樣不分彼此才對，若用八宅明鏡的訣法來解釋，完全正確，標準答案。可是若用三元法訣來探討則未必如此，誠偏差寸許，若有天淵之別，發生之疾病、年月事實皆不一樣。亦有的同一間屋子，因陳設不同，吉凶亦不一樣；似此情形，完全是碰運氣，故有你住平安，他住倒霉之情事發生。

例八　風濕症、關節炎之患

乾造　民國十七年十二月三十日辰時

偏財	己巳	傷官
傷官	丙寅	劫財
日元	乙酉	偏官
正官	庚辰	正財

二	乙丑	七
十二	甲子	十七
二十二	癸亥	二十七
三十二	壬戌	三十七
四十二	辛酉	四十七
五十二	庚申	五十七
六十二	己未	六十七

生於立春後四日九時辰。

大運於一年七個月後上運。

每逢乙、庚白露後五日交換。

◎論斷時間：民國七十年已亥月。

◎論斷經過：

一般中年以上，有五十肩之名稱，此命例論斷之年是五十四歲，自二十歲就當小學教員，至今已有三十四年左右，或許您會認為本例之疾病與職業有關吧！或許是如此，但我論斷時是肯定的指出年月及病狀，有根據並非用猜的。

住宅屬於鄉下之平房，坐東向西，四周環境清靜，有一大片庭院在前方，活動範圍甚廣，誠家居之好地方。

惜內氣零正顛倒，由來已久，蓋住屋為祖厝。乾造為筆者友人之父，余斷曰：您這棟屋子是舊宅古厝，煞氣老早就已侵入了。風濕症關節炎的毛病，剛開始時是睡覺中，不知不覺手腳會麻木，經常如此；現在都已轉為痠軟無力，深入筋骨裡面，想抓也抓不到；由於經常痠軟無力，所以騎車會突然間失力，嚴重時將導致發生車禍。以去年病情較重，今年某月煞氣又入。

余述完時，由於室內較暗，又未見其夫妻有任何反應，沒有答是或不是，不過卻依照所述移動修改；當時心裡很訥悶，莫非不準，暗暗懷疑，卻未當場求證。次日，與朋友見面後，趕緊求證一下。果然沒有錯，原來其雙親在夜間睡覺時，都互相按摩筋脈，以解痠軟無力。車禍也因失力在所述之月發生過。

壬戌年春月間，曾於台南縣某造墳土木師傅家，相其住宅；向西北，不過兩面皆有出入，斷其二十餘歲的兒子有風濕症、關節炎之症狀，煞氣侵入約三星期，果然如此，只是沒有八字相互印證。似此年輕人亦患斯症，誠然少見。在高雄亦有相同煞氣，運動中傷到筋脈關節亦年輕人。

例九　曼谷A型感冒

坤造　民國四十五年六月二十七日早子時

偏財	丙申	偏印
傷官	乙未	正官
日元	壬寅	食神
偏印	庚子	劫財

十	甲午	十五
二十	癸巳	二十五
三十	壬辰	三十五
四十	辛卯	四十五
五十	庚寅	五十五
六十	己丑	六十五
七十	戊子	七十五

生於小暑後二十六日六時辰。
大運於八年十個月後上運。
每逢乙、庚年立夏後二十六日交換。

坤造　民國四十九年四月二十一日巳時

偏官	庚子	正印	四	庚辰	九
正官	辛巳	食神	十四	己卯	十九
日元	甲辰	偏財	二十四	戊寅	二十九
正財	己巳	食神	三十四	丁丑	三十九

生於立夏後十日七時辰。
大運於三年六個月十日後上運。
每逢戊、癸年立冬後二十日交換。

◎論斷時間：民國七十年戊戌月。

◎論斷經過：

「曼谷A型感冒」之名稱，首見於民國七十年炎夏。其症狀是：先全身筋骨、肌肉發冷無力，並轉為發高燒，有些則會有感冒咳嗽之現象。這是指初期或發病時之情形，長期性的進展，請閱「例十一肺癌」。最主要的特色是發高燒。這種病例，余相宅時看過不少，並非七十年才感染，而是自居住以後即有，最久的亦有二十年以上；每年皆有患病，逢煞氣重之年則有多次發生，故余常戲稱當改名為：台灣A型感冒。

事實上並非此地專有此病例。別個國家亦必然有，因為感冒在亞洲地區並非鮮事。

當年從　洪老師學習堪輿學時，某日，恩師突然對我說：「老錢！要注意哦！你家裡有白色的方盒子。」余聽後趕緊向恩師求教指示。當時房間的煞氣已經侵入，可是病症尚未顯現，恩師已從「觀氣法」上看出來。（觀氣法——是敝門歷代祖師才能學習之法寶，愚積德不足，不敢奢望，唯盼「緣」字。）後來煞氣侵入，夫妻兩人加上小孩，接連病發，就是「曼谷A型感冒」的症狀，大人約兩天就痊癒，小孩因為抵抗力較弱，折騰了一星期餘，有的一天注射了六針，以後因內科無效，在某耳鼻喉科兩次痊癒，花錢多少不說，精神上之損失勞累難以計算，蓋此種症狀於過去居住時即已發生，感冒平常並未在意，孰料原來屋主更換第四手是有原因的。

恩師之言依然在耳，趕緊取出羅盤瞧一瞧，屋裡搜一搜，果然寢室零正顛倒，煞氣騰騰，在床鋪下面，找到了一個長兩公尺寬一公尺的白色方盒子，難怪會有使人意志消沉之感應，這下子對恩師　法馨居士洪老師的絕學，真的是佩服五體投地。話說當時余欲修改納氣，可是妻偏不肯，以為是迷信，拗不過她，最後余指出當於何月再度發生，果然如此，可是全家大小一番藥費、精神勞累亦已付出，妻亦不再堅持。當時余在心裡想著：不信也好，讓我有實驗的機會。這亦是愚未堅持修改之另一原因。

由多種煞氣造成的疾病，本例小孩最怕，蓋抵抗力較弱，大都是喉嚨發生，即扁桃腺發炎所引起，難怪內科無功，耳鼻喉科見效。有的舌頭、口腔有破裂傷口，皆屬副產品。而發燒怕傷及腦細胞，為人父母最擔憂之事。

又此症會有感染之情，余曾見數例，同樣此症，但並非住宅煞氣所致，係於七十年炎夏盛行時所感染。住宅煞氣的特色是：反覆發生，未能斷根。這類型的住宅，余常於論斷後，在門楣上看到張貼符錄或佛號……等物，由此可見屋主焦慮之心情，疑鬼神，急病亂投醫。

本命例同住一室，係姐妹。余斷曰：過去每年某月發病，今年已循環第三次。果然如此。由坤造四十五年生，其命造可以看出，若非有實證，是不會輕易相信的。論斷當時其問題特別多，帶著不信邪之表情，與其父同。結果論斷後，反而不再說話，臉上全是訝異。依兩命造來看，實難發現有此宿疾。

例十　肺癌

乾造　民國二十六年二月二十日未時

正印　丁丑　劫財

十　壬　寅　十五

二十　辛　丑　二十五

正財	癸卯	正官
日元	戊午	正印
劫財	己未	劫財

三十	庚子	三十五
四十	己亥	四十五
五十	戊戌	五十五
六十	丁酉	六十五
七十	丙申	七十五

生於驚蟄後二十六日四時辰。
大運於八年九個月十日後上運。
每逢乙、庚年小寒後六日交換。

◎論斷時間：民國七十年丁酉月。

◎論斷經過：

本例為友之兄長，但並未住在同一處，兄弟有三人。說起來或許您不會相信，兄弟三人對地理風水這一道並不相信；蓋住宅已有十餘年以上歷史，煞氣重覆侵入不知凡幾，已成宿疾，經常咳嗽，其二弟及小孩們之寢室，亦經常在付醫藥費，家中一團糟。並非不信，人總有求生本能，求神問卜看風水，樣樣都來，可是照樣如此。尤其是母親，若耳聞何處有地理名師，即重金禮聘前來相宅察風水，不知花費多少苦心，為人慈母其心令人感動，可是煞氣依舊。難怪其兄弟在失望之餘，不止不信更產生反感。聽友人說有一次母親延聘的地理師由於表演的太離譜，讓他們兄弟給轟回去。（還好我事先言明，先相友人之宅為印證，斷驗某月腰痠背痛，坐骨神經之輕症，結果正確，令人滿意。當時搬入未及一年，但煞氣已入。）

原來本例住宅屬舊式三合院，前面有一寬廣明堂——庭院，幾年來在前面蓋起了房屋，剛好兩棟屋子的牆壁，有兩片但未接合，直直的朝著廳堂，形成九十度角度，亦即俗稱「屋角」加上「壁角」。該地理師立於堂前，朝著屋角以手掌一拉一放，意謂「制煞」，友人說：「騙小孩的玩意兒，也拿來唬人。」一般對於此種屋角或路沖，都裝上八卦或石敢當……。以本例而言，大門上的八卦已不知掛上多少年了。

余察內、外氣後，在每一寢室邊看邊斷；「曼谷A型感冒症狀」的包括本例共有三間，其二弟及其小孩就各佔一間。事後友人說：「二哥最鐵齒，當時聽到你斷後，本來想外出卻沒有出去。」在其父母之寢室，余斷曰：「頭患，血壓高的毛病，六十六年最嚴重。（即有腦血管崩斷之危機）」，事後亦聞友人說：「當時聽你那樣說，我心裡覺得很好笑，因為我父親六十五年死於腦血管斷掉。」事實而言，同本例一樣，死於八字命限，瘁於住宅煞氣之疾病。

依照整個住宅納氣劃分，父母寢室有雙門引氣，煞氣最重。次則本命主之寢室，亦有雙門引氣；因卦氣而分野，其餘皆單門引氣，難怪氣聚於斯。余又斷本例催財但有斯疾；據友人估計七十年的上半年得財三百萬元，但全家及母親的醫藥費即高達六十萬元。

若依本命來看，傷官生財卻傷丁，亦有發財並為母付出錢財之應。又經常咳嗽成宿疾，醫藥無效，最後懶於服藥，七十年又三度受煞氣侵害，當時肺部已積水並有癌細胞尚不自知，雖修改納氣，終難挽救，蓋非富貴大地，此亦心痛欲求精進之處。後於戊戌月丁丑日至台南醫院治療，肺部積水以吸管排洩，西醫束手無策，卻於中醫治好。（有的西醫常笑中藥沒病可以吃，有病不可以吃，於此可證胡言。）又經電腦斷層掃瞄，發覺左肺有直徑四公分之陰影，遂於己亥月戊戌日（住院二十一天），轉往台北榮總治療檢查，經切片檢查陰影是癌細胞形成，只得到己亥月壬子日返回故鄉，瘁於辛酉年辛丑月戊戌日凌晨。友人曾於戊戌月病發時，取八字來看，余詳細查歲運，發現後運戊戌不繼，辛酉之己亥月庚子月接連垂危，尤其在庚子月戊子日。結果在庚子月丁亥日由日本帶回四十支抗肺癌針劑，起初頗有藥效，患部發癢，卻因身體太虛弱，難以承受，遂終止注射，而這些藥尚未應世，若非於己亥月及庚子月注射輸血，助長癌細胞，或可救治亦說不定。

例一一　婦女病之一——經期不完全

乾造　民國四十八年七月十二日亥時

比肩	己亥	正財
正財	壬申	傷官
日元	己巳	正印

九	亥酉	十四
十九	甲戌	二十四
二十九	乙亥	三十四
三十九	丙子	四十四
四十九	丁丑	五十四
五十九	戊寅	六十四

偏官　乙亥　正財　六十九　己　卯　七十四

生於立秋後七日三時辰。
大運於七年十一個月十日後上運。
每逢丁、壬年小暑後十七日交換。

坤造　民國五十七年二月一日時

比肩	戊申	食神	八	癸	丑	十三
			十八	壬	子	二十三
偏官	甲寅	偏官	二十八	辛	亥	三十三
			三十八	庚	戌	四十三
日元	戊辰	比肩	四十八	己	酉	五十三
			五十八	戊	申	六十三
偏官	甲寅	偏官	六十八	丁	未	七十三

生於立春後二十三日一時辰。

大運於七年八個月十日後上運。

每逢乙、庚年立冬後三日交換。

◎論斷時間：民國七十年己亥月及丁酉月。

◎論斷經過：

本兩命例，一為成人，一為初長成發育階段，非同一住宅，納氣亦不同，但論斷同時：婦女病——月經不正常，皆於庚申年惹禍，七十年未癒，煞氣又入。另外亦曾同——病例，結果其本人在內科診斷：膀胱發炎，一丈差九尺，令人啼笑皆非，煞氣同於庚申年，於辛酉年初治癒，在壬辰月相宅修改，後常見面亦未聞再患。此兩造事後印證，至壬戌年己酉月亦未再患。

依命局分析，坤己亥年生，日元己土，氣勢薄弱，賴己土，巳火養生，傷官生財滋煞傷身。逢庚申、辛酉年，財、官得靠山更形囂張，土虛火弱，水氣旺盛，亦主婦女疾病貧血致心臟虛弱之應，難怪其本人受命宅催殘，臉色蒼白，不得不躺於床上休息，婚嫁之事暫擱一邊。

坤造戊申年生，住宅納氣同例五，可是男女有別，病症卻不一。日元戊土，於初春，藉雙寅之丙火調候，免受寒凍之苦，命局煞旺，氣焰沖天，取比肩滋助食神相抗為用，惜水火遠隔，有心力不足之嘆，雖行運有制，近兩年喜干頭之金，卻忌地支之金，先吉後凶，好壞輪至，但至多腸胃不暢，讀書勞累傷眼；卻難以想像得到，值此發育年齡，受宅氣影響，發育受阻，勞累父母操心。住宅坐西向東，八宅明鏡謂之「兌宅」。訣曰：「兌生禍延六五天」。本例挨排後，納氣天醫，天醫書云：「禳病除災催富貴」；結果未獲福來卻有禍，讀者細辨自明。

例一二　婦女病之一——子宮不孕

坤造　民國四十三年八月十八日巳時

傷官　甲午　偏財

三　壬　申　八

十三　辛　未　十八

比肩	癸酉	偏印	二十三	庚午	二十八
			三十三	己巳	三十八
日元	癸酉	偏印	四十三	戊辰	四十八
			五十三	丁卯	五十八
偏財	丁巳	正財	六十三	丙寅	六十八

生於白露後五日十時辰。

大運於一年十一個月十日後上運。

每逢丙、辛年立秋後十六日交換。

◎論斷時間：民國六十九年丙戌月。

◎論斷經過：

本例住宅已有十餘年歷史，坐北朝南，於己未年丁卯月甲戌日結婚搬入，結婚約半年內節育，孰料半年後欲懷孕卻不可得，身裁又非肥胖型，住宅煞氣已入，於各婦產科檢查、吃藥，錢財、精神上之損失不知凡幾。余修改後煞氣消除，未幾月逢貴人助，在某一婦產科檢查出輸卵管堵塞，作治療後，已有身孕，惜懷孕未及三月，不知何故流產，看來體內煞氣未除盡，已成禍害。

其住宅余斷曰：「腎臟、泌尿系統及婦女病之患，雙重煞氣侵入，生異物（結石、瘤、癌）」。先生聞言回答：「我家裡的人都患有腎臟的毛病，母親腎結石，瘁於腎患。」，而其本人剛於戊午年回到故鄉居住，前幾年皆於外地讀書、服役。回故鄉居住後，煞氣侵入，身體很容易疲倦，及其他毛病，卻檢查不出來，最後在某名醫處，檢查係腎上腺方面出問題，修改後加上藥物治療得以痊癒。因為住宅納氣修改後，煞氣仍留在體內，如腫瘤、結石、癌症……等，無法立刻予以復原，所以每當看完此種住宅後，心情總感到難過，嘆人生之苦痛何其多，此亦是催促精進，學習超心理學，密宗法門及其他玄學之原動力。如同看八字一樣，命運既定，氣數難逃，斷驗意外之災、疾病、損財、官符……等等，徒增加心裡難過，導致有一陣子，不大願意替人相宅批命；一般人以為民俗之改運有效，試思之，若真有效，那麼算命精準又從何來，逢凶月或凶日，才會購置衣物、置產、投資即錢財付給別人，若有效，則由小觀大，即連購衣物，添新器都不會發生，機器用不壞，身體每改運一次，就又會脫胎換骨，細菌退避三舍；思之可能嗎？心理上的安慰可以，若將希望寄託，則得到的是反效果，希望愈大，失望愈大。這些事故的例子，讀者將逐一看到，可為研究命理之參考。

余曾於某一軍眷區，論斷：六十九年腎臟之患。果然如此，當時準備開刀，取出腎結石；後得一貴人助，得一藥方，將結石排出，免於開刀之患。余曾抄錄下來，讀者不妨記下，藥方如後，其當時服一星期後照X光不見結石：

化石草五錢、玉蜀黍蕊（玉米鬚）二兩、茯苓三錢、海金砂三錢。以上加適量水煮，然後當茶喝，玉蜀黍蕊菜市場有，其餘中藥房可購得。另草藥房購化石草加冰糖煮亦當茶喝。

依本命造來看，日元癸水，仲秋母旺子相，又得坐下印生，比肩助身，日元不弱；干得傷官生財，尚有情義，支局財星傷印，反成交戰之勢，逢支火傷金或支水熄火皆不美。今逢庚申、辛酉之歲月逼進，確實火氣受傷，心臟因貧血及損財事故煩憂而感到無力，連帶循環系統不順，亦有具命理上之因素。一般若只看到流年，則未見其凶，若知悉月令逼進法，知流年斷法，並非從立春算到次年立春，知其開始及終止，再配合傳統的子平用神法，即可知道本造此兩年，受母連累之事（被倒會）及發生月份。

例一三　婦女病之一——卵巢異變

坤造　民國四十四年七月十一日丑時

偏財	乙未	偏印
正財	甲申	劫財
日元	辛酉	比肩
偏印	己丑	偏印

五	乙酉	十
十五	丙戌	二十
二十五	丁亥	三十
三十五	戊子	四十
四十五	己丑	五十
五十五	庚寅	六十
六十五	辛卯	七十

生於立秋後十九日五時辰。

大運於三年十一個月後上運。

每逢甲、己年小暑後十九日交換。

◎論斷時間：民國六十九年壬午月。

◎論斷經過：

本造於民國六十七年十月二十八日午時三刻結婚進房，婚課：戊午、癸亥、甲午、庚午。係神明看的，依擇日法則來看，本婚課係最上乘之時辰，婚日有：三奇、月德。（對於擇日學上的實例，包括三合、三元、命理的，將另外介紹）住宅坐西向東屬兌宅，三合訣納氣天醫；可是內、外氣皆零正顛倒，余斷六十八年某月煞氣嚴重侵入，婦女病。若再過幾年會有異物，器官損壞開刀之患。原來花錢不少，在六十八年患卵巢不成熟，無法受孕。

與此例同一納氣，但坐北朝南，雙門引氣，雙重煞氣，在己未年癸酉月侵入，子宮瘤開刀割除，其大如拳頭，但自六十四年底搬入，已屆四年，外氣壬山丙向，收水地比七運卦，內氣逐一挨排，卻零正顛倒，煞氣重重，當時其本人近四十歲，或許亦有命理上之因素存在，惜本人生辰不確，無法記載以茲佐證。

本例由於住宅更改困難，須另開門路，還是以那一招避走來處理。至壬戌年己酉月為止，卻也未聞再患，且於七十年斷生女，果然在癸巳月甲寅日午時生一女孩；其夫八字：癸巳、壬戌、戊午、戊午。在七十一年初冬將生育，余依其夫妻之八字合看，斷得子，不過尚待印證。

日元辛金，月提得令，又得一比肩幫身，印綬重疊，日元旺極，取申中壬水生木，傷官生財格。今逢己未年，土厚埋金，申中壬水有傷，甲己合而不化，甲木有回制之功，惜水氣受阻，五行無法疏通，病源在未土，病發在申中壬水，婦女病亦有命理上之因素，雙重障礙終禍侵。

例一四　車禍傷手足

坤造　民國五十六年七月十七日申時

正印	丁未	劫財	七	己酉	十二
			十七	庚戌	二十二
比肩	戊申	食神	二十七	辛亥	三十二
			三十七	壬子	四十二

日元　戊午　正印　　四十七　癸　丑　五十二
　　　　　　　　　　五十七　甲　寅　六十二
食神　庚申　食神　　六十七　乙　卯　七十二

生於立秋後十四日一時辰。
大運於五年四個月後上運。
每逢丁、壬年大雪後十四日交換。

◎論斷時間：民國七十年癸巳月。

◎論斷經過：

本例住宅坐兌向震，二層樓房，在樓上有兩個房間，樓梯上來有一廳堂，由於小孩眾多，本命主睡於中間廳堂之位置，反而引雙門煞氣，住宅已有十餘年歷史，是一般國民住宅之建築，本命主則不知在廳堂已住幾年。余斷曰：手足之患，車禍，意外之災，在六十八年最嚴重，炎夏辛未月及丁丑月發生。果然如斯言。原來在辛未月不慎被玻璃割傷手，血跡斑斑，同月又於學校運動中折斷手。在丁丑　某日回家途中，騎腳踏車過十字路口，逢遇一大卡車闖紅燈，與同學雙人被撞倒，橫躺在卡車上，驚得冷汗直冒，撿回兩條命，幸只手足擦傷而已；得幸於命不該絕，又有同學分享煞氣，減少災害，否則後果不堪設想。

其父母之寢室，單門引氣，余斷曰：婦女疾病生異物，果然如此，在民國六十二年間，因子宮瘤而嚴重到割除子宮，其隔壁中氣相同，可是自搬進去以後，因內部擺設不同，反而得以免禍，幸與不幸唯在運氣，而世上逢此巧合者，能有幾人呢！而一般若能住宅引吉氣的，我都謂之「撿到的」，福德之人。蓋愈看愈準，乃是好的住宅不多，一般若以五間寢室計算，若能得到兩間引吉氣的，就可以引為自豪，到旁邊去偷笑了。全部都是吉的亦有，只是寥寥無幾；其母時辰不準，亦失去了一個印證之機會。

日元戊土，生初秋，命局得火土生財，又食神通根得力，其性祥和，氣勢流行，暗生財星於申中，和樂融融，六十八年劫財入命，財星暗損，但大運傷官用事，又得命局食神關照引化，生生不息，流年月令尚順，災禍卻難見到。

例一五　宅吉命凶禍患來之一

乾造　民國五十一年一月十五日未時

偏財	壬寅	偏官
偏財	壬寅	偏官
日元	戊子	正財
劫財	己未	劫財

六	癸卯	十一
十六	甲辰	二十一
二十六	乙巳	三十一
三十六	丙午	四十一
四十六	丁未	五十一
五十六	戊申	六十一
六十六	己酉	七十一

生於立春後十五日。

大運於四年十個月十日後上運。

每逢丙、辛年大雪後二十五日交換。

◎論斷時間：民國七十年丁酉月。

◎論斷經過：

本例住宅坐西朝東，三層樓房，寢室在三樓，外氣有馬路成土星護衛，吉氣郁郁；內氣納卦逢元合乎零正，內外俱吉成仙宮，自無疑問。惜只是中等吉地，比一般住宅稍吉，並非富貴大地，難以改變命運，命運旅途當比相同八字之人好些，蓋無屋宅之煞氣，引致宿疾，意外事故；一般同一時辰出生之人，其命運並非完全一樣，此住宅風水影響，亦佔一極大因素。

命主雖受吉宅護持，至少有十年以上，仍於凶年六十九年庚申年甲申月受到命運之照顧，發生車禍，傷在左側，摔得鼻青臉腫，住進醫院，幸無腦震盪，只受到內傷及一些皮肉之傷。可見人力欲改變命運之難，有人高呼「創造命運，勿迷信相命。」事實上也沒有錯，信與不信，吉凶還不是照樣來，只是人總有一種好奇感，想知道那遙遠未來的人生旅程變化如何。創造命運也一樣，人的成功全靠自己的努力而定，並非相者能改變你的命運；若未悉將來命運之變化，而一味妄言創造命運，排斥命相之人生哲學，則又失之太淺見；返本歸原，信與不信都一樣。以富貴大地催促改變命運，仍須受到地運逢忌之影響，可見世上並無十全十美之事，蓋善惡必然互相存在，日夜必相對立，分陰分陽，有吉有凶才能唯持自然之平衡。

依命局分析，戊土生初春，得雙寅藏丙照暖，雖曰長生但有三個比、劫，若無藏丙，長生無用；子水欲害丙火，時刻覬覦，幸得未土制服，然終藏危機，雙壬高透，雲霧迷漫，得己混壬，寅木引化，徒增濕氣，燃丙艱難，寒氣偏重，加上雙煞力旺，管制嚴格，印星不彰，食、傷不見，註定行事保守，膽氣不足之性，事業在三十三歲中得握權柄，身為幕僚，一路火、土，富貴併臨，身兼數職，當可預見，唯官位在未運初欲見反覆。

今逢庚申、辛酉之歲，食、傷用事，大運又逢甲木七煞當頭，輾轉相欺，歲運雖見失和，狀若有情實無情；性本保守又善良，凡事皆能忍今番逢申、酉合財，與官相抗，申金得未土為後援，一申揍兩寅，將丙印之訓示，置之度外，行事意氣用事，皆因子水製造情緣，連帶試場不利；申、酉相逼，寒氣自生，事難如意，食寢不安，意志消沉；先種禍端於庚申年之甲申，亦因心理上之不平衡，驛馬催動，快馬加鞭，行車造禍皆非偶然。總之，若無財星相激，製造事端；又若無食、傷入命，導致失去原性，種種是非，皆難降臨。可是，話說回來，若無此種流年磨練心性往後富貴又從何而來。

例一六　宅吉命凶禍患來之二

坤造　民國二十七年十一月十二日寅時

劫財	戊寅	正官
正官	甲子	偏財
日元	己亥	正財
正印	丙寅	正官

九	癸亥	十四
十九	壬戌	二十四
二十九	辛酉	三十四
三十九	庚申	四十四
四十九	己未	五十四
五十九	戊午	六十四
六十九	丁巳	七十四

生於大雪後二十日。

大運於七年後上運。

每逢乙、庚年大雪後二十一日交換。

◎論斷時間：民國七十年丁酉月。

◎論斷經過：

命主住宅坐東向西屬震宅，外氣平吉，並無地理可言，內氣逢元合乎零正，平安吉祥，並無宿疾之累。可是住宅雖吉，因非富貴大地，亦無法改變命運之侵害，在庚申年甲申月有車禍之災，丙戌月雙眼因眼疾開刀；辛酉年仍然不順，秋煞之氣，心臟虛弱、肝患，且接下大運申金用事，諸多不利。一般世俗相宅則論宅，相命則論命，各自分開，未加明辨，致各說各話，莫衷一是，如同瞎子摸象，以致意見分歧，徒增困擾；若以事實、時間為依據，命宅合參，則追根究源當非難事。亦有發生事故時，懷疑鬼邪侵害者，是有其存在之因素，但並不多見，大多是命理上及住宅煞氣所引起，縱然有亦因為此兩項其中之一，先造其因，致身心俱疲，予以鬼邪可乘之機，或其挾恩怨因果趁機報復，化解上就須藉重密法；有些則以符錄鹽米及其他，相鬪較較氣。而祖墳風水之影響雖有卻比較少見。上述種種一般若八字傷官高透無制化或月提傷官無制化者，欲其相信則徒費口舌爭辯，須有現證方能度化此人。

命主己土，生於寒冬，財星居月，丙火太陽高照暖局，又得三甲為源，生生不息；唯亥、子近傷寅中丙火，難免濕氣偏重，濕木燃火倍極艱辛，致貴氣折扣，以財易貴，造化作弄；官印相生，逢此中運金星用事，其夫暫居市府某主管，後運未、午拆散財官，富貴登峰造極，拭目以待。今逢庚申、辛酉之歲，連砍根枝，欲致其傾，幸得水氣息事寧人，從中勸阻，奈挾怒而來，勢如海濤，逢丙戌月令，大勢已去，終致禍生；丙火逢棄更致凍傷。

例一七 後論——安床、住宅座向

一般在命書上，有的可見到安床及住宅配合八字喜用之討論，以求補助命運，趨吉避凶。可是論點似有矛盾，如用喜在木，則安床、住宅宜取坐西向東；有的反道坐東向西。又若用神在水，則取佳南朝北，有的反述坐北朝南。所講方向完全顛倒，茲不論是否管用，先以地理「三合法」之「三煞向」來討論：

1. 寅、午、戌年、月，三煞方在北。即造墳、修墳、安床、入宅……勿坐北向南。雖向南方反收北方之煞氣。即用神在水，則坐向取坐北朝南。

2.申、子、辰年、月，三煞方在南。即造墳、修墳、安床、入宅……勿坐南向北。雖向北方反收南方之煞氣。即用神在火，則坐向取坐南朝北。

3.巳、酉、丑年、月，三煞方在東。即造墳、修墳、安床、入宅……勿坐東向西。雖向西方反收東方之煞氣。即用神在木，則坐向取坐東朝西。

4.亥、卯、未年、月，三煞方在西。即造墳、修墳、安床、入宅……勿坐西向東。雖向東方反收西方之煞氣。即用神在金，則坐向取坐西朝東。

以上申論只不過讓各位作為分辨之參考，實際上如前面十六個例子所述，讀者當已清楚；以陽宅言，八字命運與陽宅的吉凶，是各自分開，各自獨立的，再於吉凶的輕重上、分量上予以加減，予以合併，以觀命運趨劣或轉吉；若以八字喜用來限制安床、住宅之坐向，徒然增加困擾。亦即當以住宅之本身探討，察外氣視地理結構是否富貴福地，是否足以催促改變命運。審內氣視挨排引氣是否合乎原則。辨內、外氣是否逢元、合乎零正，方為對症下藥。只要住宅納氣是吉，任何人、任何的八字命運來往，是絕對可以催助及平安的，不會因為八字喜用不同，或東四命、西四命與東四宅、西四宅配合不當，就會造成反效果。誠如前面諸例引述，察住宅、辦公室、工廠……應以事實、年月為依據，勿輕言犯沖煞危言聳聽，造成當事人心理不安，有損陰德。

同理在陰宅上，一般「三合法」，在選擇墓地時須配以仙命，即八字之年支生肖。「三元法」則不論仙命是否得當配合，完全以地理之巒頭、理氣申論，察巒頭形勢是否龍穴大地，穴場是否適中，深淺是否適度……。審理氣卦理，探討龍穴大地是否當運逢元，是否合乎零正，坐山納卦動爻是否合乎原理……。恩師，法馨居士傳了一句口訣，涵蓋了三元地理之精華：「先天查氣用於穴中，後天看形象之於外；河圖辨陰陽之交媾，洛書查甲運之興衰。」

生辰八字之影響於人，只不過是一種探求人生旅程吉凶之代號而已，其應用範圍亦止於：出生至逝世間之變化，逝世以後此項代號就失去應用之價值，此為八個字都無法再繼續推算下去，何況是只述一個字，生肖的仙命，讀者細思自明。地理風水當以是否龍穴，是否逢元、合乎零正為探求之重點，方免自亂腳步。

得龍穴之陰宅，可骨蔭後代之榮華富貴，於後有例可證；至於蔭助逝世之人的靈魂其靈力或未來輪迴的變化，亦曾耳聞，當然先人能得到富貴龍穴之蔭骨，其本身必然陰德累積不少，天理昭昭，必有斯應，乃自然之事。

命與陰宅部份

例一　山龍格局

一、遷葬時間：民國六十四年菊月。

二、蔭生八字：

(A)坤造民國六十五年十一月十六日巳時。

坤造民國六十六年十一月二十七日辰時。

坤造民國六十八年一月十四日巳時。

坤造民國六十九年六月十七日寅時。

(B)坤造民國六十八年六月二十五日巳時。

坤造民國六十九年六月十九日巳時。

三、格局納氣：

(1)金星起頂，一節龍身，穴結窩穴，枝腳分張，外有衛砂，氣局綿密，藏風蓄氣。(A)墳居正位。(B)墳陪侍於左側。案星過眉，土質先黃後紅。

(2)龍神：山澤損。

(3)坐山：火澤睽。

(4)出向：水山蹇。

(5)城門：地山謙。

四、說明：

地理風水之學問淵博，若非遇明師傳授，窮個人一生之才智，亦難有所得；秘訣筆之於書，少之又少，重點必然諸多隱密，誠恐洩露天機，遭小人所利用，富貴福地因擇非人受天譴，盡破壞損毀於無形，故不得不慎，擇人而授，以續道統；得訣者，亦當謹慎施為，以德為先，方能學以致用，讓祖先及後人沾光。

《都天寶照經》於下篇曰：尋龍過氣三節，父母宗支要分別，孟山須要孟山連，仲山須要仲山接，千奇支耦細推詳，節節照定何脈良，若是陽差與陰錯，縱吉星辰發不長，一節吉龍一代發，如逢雜亂便參商。

又曰：一個星辰一節龍，龍來長短定枯榮，孟仲季山無雜亂，數產人龍上九重，節數多時富貴欠，一代風光一節龍。

《青囊》序曰：請驗一家舊日墳，十墳埋下九坟貧，惟有一坟能發福，來山去水盡合情。

依上述三段經文論點，配合本例八字及納氣，仔細對照，並於命造上歲運合論，不難明白天理，地理、人理必然配合；愚則另稱曰：一任風光一節龍，節數多時富貴久。於命理上與形理分毫不差，地靈人傑誠不虛。

例二　水龍格局

一、遷葬時間：民國七十年桂月。

二、蔭生八字：

坤造　民國七十年十一月二十二日午時

食神	辛酉	食神
傷官	庚子	偏財
日元	己巳	正印
傷官	庚午	偏印

八	辛丑	十三
十八	壬寅	二十三
二十八	癸卯	三十三
三十八	甲辰	四十三
四十八	乙巳	五十三
五十八	丙午	六十三
六十八	丁未	七十三

虛歲八歲上運。

逢戊、癸年芒種後十日交換。

三、格局納氣：

(1)來水之玄，去水屈苗有情，龍身悠遠，情意綿綿，秀水清澈，龍身適度，不寬不蕩，水星行龍，金星結穴，玄武兜乘，曲水單纏。前案過丈，朝水丈深。

(2)甲庚收水，丑山未向，納氣澤雷隨。

四、說明：

山郡以山為龍，水郡以水為龍。水龍最忌龍身不正，秀水換污水；值今科學發達，工廠林立之際，一些平崗龍、公墓格局污水迷漫，到處可見；此水非寶，出人愚痴，心地不正，八字可證；今蔭生之人已漸長，未來者亦眾，道德誓將逐漸棄置，經濟寇盜叢生，殊非蒼生之福；仁人孝子擇地不可不慎，莫棄子孫於萬劫不復之地，置祖靈骨於穢地，且亦莫以已發越而棄信，須知命運吉凶已前定，前人葬墳蔭生爾，五官形象、八字早已定，一生窮通皆可查。若謂富貴大地數可數，催促命運七分一，試想富貴大地發多少。

本局蔭生之人：智慧過人，心地純正善良，能言善辯，文才橫溢，為富不欲人知，有行商之頭腦及口才。為官品行端正，納粟奏名，議員登政；為官不思其位，行商不欲其職司，錢財累積莫測高深；然命運催富貴，不得推卸，風雲人物，情不由衷；中上福地，早發富貴，青年才俊，中運登峰造極。巳運末丁巳年引身而退，盡於丁運初。

例三　煞氣祖墳蔭生問題八字

一、遷葬時間：民國六十七年秋。

二、蔭生八字：

坤造　民國六十五年十一月五日午時。

坤造　民國六十七年一月二十四日卯時。

坤造　民國六十八年二月十三日未時。

正官	丙辰	正印
劫財	庚子	食神
日元	辛亥	傷官

八	己亥	十三
十八	戊戌	二十三
二十八	丁酉	三十三
三十八	丙申	四十三
四十八	乙未	五十三

正財　甲午　偏官　　五十八　甲午　六十三
　　　　　　　　　　六十八　癸巳　七十三

虛歲八歲上運。

逢丁、壬年小寒後八日交換。

正官　戊午　偏財　　九　癸丑　十四
　　　　　　　　　　十九　壬子　二十四
傷官　甲寅　傷官　　二十九　辛亥　三十四
　　　　　　　　　　三十九　庚戌　四十四
日元　癸亥　劫財　　四十九　己酉　五十四
　　　　　　　　　　五十九　戊申　六十四
食神　乙卯　食神　　六十九　丁未　七十四

虛歲九歲上運。

逢丙、辛年白露後二十六日交換。

食神	**己未**	**食神**
比肩	**丁卯**	**偏印**
日元	**丁丑**	**食神**
比肩	**丁未**	**食神**

九	戊辰	十四
十九	己巳	二十四
二十九	庚午	三十四
三十九	辛未	四十四
四十九	壬申	五十四
五十九	癸酉	六十四
六十九	甲戌	七十四

虛歲九歲上運。

逢丁、壬年小暑後二十八日交換。

三、說明：

本例乃筆者之親戚的三個女兒，出生後余仔細的排算八字，發現命局不清，制化重重，蔭生之祖墳必有異端，示其遷葬，此雖消極之舉，卻可使後世子女，命運改變，免受窮困。

孰知親戚當作耳邊風，反正心意已盡，問心無愧。再於六十七年產下一女，仔細的排定八字，發覺仍然命格不清，凶象加重；示警再示警，祖墳有異，莫遺禍於子女；因命相台參，斷其夫六十七年某月損財十萬元，果如斯言，賭博輸掉；方增信心，於秋月間請人啟攢拾金，發現所言非虛，夫之先父屍骨白蟻槨生，骨頭損半；先祖先屍骨浸濕泥。

經過一番處理後，於六十八年生下三女，距謝土不及半年；仔細排算，果有有同，煞氣因緣切斷。由陰宅之異端看來，煞氣由來已久，其夫君自六十四年結婚以來，至六十六年均尚順利，經營西裝服飾，結婚時得了筆錢財。唯在六十七年損財後關門大吉，以西裝製作之專長，就職於西裝店，未經幾月，又轉業攤販賣海產，在六十八年因此機會桃花惹禍，家庭糾紛，在命中皆一一可見，可證若非富貴大地，欲改變命運難哉！

從長女之命造，可看出祖墳煞氣在六十五年十一月前即已侵入，其本身命運並未受損，即或受損亦未搖其根本，仍然在六十七年癸水受傷，命局轉枯炎之年月傾蕩，可見八字命運之份量。

其八字：乾造民國三十八年六月二十九日本時。己丑、辛未、乙卯、癸未。虛歲七歲上運。逢乙、庚年立春後十七日交換。其父逝世至少有二十年以上，先祖父四十年以上，均係抛下幼子而去。本例妻造甲午、甲戌、乙丑、庚辰。其娘家祖墳屬中富中貴之吉地，亦未因此對外孫女之命造有所照顧庇蔭，可見直系血親傳脈蔭生之重要性。

又祖墳煞氣對於乾父造，並非影響不大，事實上間接影響長遠又大；試想：蔭生之小孩，若受祖墳煞氣之影響而生，命運之歹劣可知，如果常常生病、意外橫禍、開刀、讀書不力淪為逆子，淪為社會敗類……，不僅損財，精神損害難以估計，而且又非只三、五年的事情，影響一生，使命運該發達的程度，大打折扣，這也是同一時曰出生之人，命運難以完全相同的因素之一。

又有一例，兄弟三人，其父係招贅，大哥及三弟歸屬母方傳宗，二弟歸父方傳承，均於未懷孕前決定，而出生之後，命運亦有差距，二弟較差，家庭風波多變故，觀大運可證幼年不安寧，且逢某年月上法院、警察局作證。只是未詳觀父母之祖墳，作更進一步之印證，姑作參考。其兄弟之八字分別為：⑴庚寅、戊子、辛巳、己丑。⑵壬辰、丁未、甲申、辛未。⑶戊戌、乙丑、丙午、丙申。此例尚有父母之直系血親關係，祖先屍骨蔭生後代，有脈絡可尋。另有無血親關係之養子女，其後代根源何在（即八字來源），照理論上係以養子女之親生父母方為主，是否有例外或其他，仍待考查。

茲以三坤造分析：

丙辰年生。日元辛金，生於寒冬，食、傷洩秀，取庚金幫身，卻遭丙火排斥，欲辰土生身為本，奈子辰合，水勢冰山加重，辰土氣虛，日元勢弱，無以為根。又寒冬丙、午調候，且取甲為源，奈午火受亥子之侵，火苗近熄，取甲生卻逢庚去，轉邀丙助傷庚，卻氣洩在辰，制化重重，命局不清，庇蔭有限，一生多波折。

戊午年生。日元癸水，生初春，命局食、傷氣旺，午火及寅中之丙，不慮能源，活力充沛，惜加上食、傷所用不當，高傲、口舌爭端、倔強、天不怕地不怕之性，累積成弊，夫星無力，婚姻事故已種前因。而日元全賴坐下亥水相助，卻氣洩在食、傷，一生孤苦可知。又喜印、比歲運相助，卻未齊一；逢支比傷丁、丙，似吉實凶；逢印綬傷甲、乙，平日所賴唯生卻失憑；雖得長輩援助，卻多是非口舌，緣生緣滅，終有時限。唯一干比相逢，溫飽有餘，再逢甲、乙勞碌生財，卻有後日之疾災，命運之困頓，令人嘆息。

己未年生。日元丁火，生仲春，木火通明，又得雙比之助，食神洩秀，和樂融融，屬於木火相生格之變格，唯一缺點在已火及丑中癸水增濕氣，稍影響命中貴氣，得丑未沖去餘氣，命局無財、官擾礙，格局清純可愛，私人企業佔一席厚祿，貴氣高峰在未運。另有缺點在壬申、癸酉運，運程悖逆，福澤不長，後運堪慮，此地運納氣長短之病。又此時之木火相生格，可於數億以上資本之大企業，榮任一廠之尊，彼時未運之木火相生格，雖仍有貴氣，恐無福可享，此乃地運納氣當運之關係。其餘變格：專旺局、化氣格、從格亦同，不只格局本身之劃分高低，變格之間亦有細分何者為尊，何者為臣，此亦與地運當運有關。以此三造比較，不難明瞭，命運之差距，何止天淵之別。為人子女者，當事親盡孝，並慎思追遠，讓祖先靈骨得安；欲求富貴大地，更須多種德積善，訓示子女以忠孝節義，求地才可能輕而易舉，富貴方能綿長久遠；以筆者言，祖父之曾祖父以下靈骨皆保存完整，有些人連祖父屍骨都不見，其間亦有受戰亂之影響，當然以血緣關係來看，愈近的影響當然愈大，即師云：遠不及近。愈富貴大地的影響亦愈大，即師云：小不如大。血親關係愈近的，影響愈大，即師云：疏不間親。

再以三造之面相看，明眼人一看就知，差別甚大，長女、次女面貌五官不缺，身體正常，但五官不清，俗氣甚重；三女則五官端正，滿臉清秀之氣，充滿著智慧，同一父母所生，只因祖墳異動，差距就那麼大。亦可證：斷驗兄弟姊妹之成就，難以在命造上獲得百分之百的準確。

《附錄》

論流年秘訣

官符實例的作業題，本來係余留置授課時講解用，其中原因係余深恐歹人或品性不端者，知悉天機而藉之為非作歹，逃避劫數，則愚施德不足，反成造孽，豈不遺禍子孫。今高寶書版集團，深盼愚能洩露天機，促愚傾簍倒筐，把秘訣公諸於世，謂之：余曰氣數難逃。余深思亦有理，不過若有那麼一天，愚能突破八字之界限，洞悉人名、地名時，恐怕得沉默寡言了。

作業題目牽涉很廣，但內容重點在：流年問題。這是自古以來，最難突破的癥結所在，一般以神煞、歲君談論者居多，又論每年為立春到次年立春；或天干論上半年，地支論下半年；或只論天干及子、午、卯、酉月等地支；可是愚曰：都不是。當然話是不能亂說，若無事實根據，書亦是不能亂寫的；但若欲解說清楚，卻又不容易，故於此大略指出幾年之前後來去，對於本書之內容，當能更深入了解，舉一反三，必可知其餘：

1.民國六十九年（庚申年）：

庚金：起於庚辰月。終於丙戌月或丁亥月。

申金：起於甲申月。終於辛酉年庚寅月或癸巳月或甲午月。

2.民國七十年（辛酉年）：

辛金：起於辛卯月。終於丙申月或丁酉月。再起於辛丑月。終於丙午月。

酉金：起於丁酉月。終於壬戌年癸卯月或丙午月。

3.民國七十一年（壬戌年）：

壬水：起於壬寅月。終於戊申月。再起於壬子月。終於癸亥年戊午月。

戌土：起於庚戌月。終於癸亥年甲寅月或丙辰月。

4.民國七十二年（癸亥年）：

癸水：起於癸亥月。終於甲子年戊辰月。

亥水：起於癸亥月。終於甲子年己巳月或辛未月。

5.民國七十三年（甲子年）：

甲木：起於甲戌月。終於乙丑年庚辰月。

子水：起於丙子月。終於乙丑年壬午月或癸未月。

理論解說

庚年起於庚月，申年起於申月。各終於丙或丁月及次年巳或午月。一般或許會認為：這樣不是會前後搞混？又中間若空著，兩個流年都會形成不管嗎？問題很好，代表已漸入佳境，恕愚再一次告訴您，當您深入八字領域、世界時，會因用腦過度頭痛，長白髮，因為說難不難，說不難卻又很難；而當您洞悉天機，步入高級命理時，那份喜悅是莫可言喻的。當然您若只想停留在神煞或一、兩個字論命的階段，死抱古文而不放，那亦是尊駕的自由。

試以「例八——法院查封及作證之災」解說，庚申年，日元甲木，庚金謂之偏官或七煞，官者：管也。即政府官員——武官。或天災地變上司。自戊寅、己卯月，月令催促求財及與朋友或手足相來往，此係基本觀念，是福是禍，須配合命、大運逐月參看。命局乙木劫財為用，成敗皆看此一字，庚辰月即偏官坐偏財，乙庚合而不化，庚金剋傷乙木，即在該月用神受傷，因乙木朋友之故，被連累須與政府武官來往，又庚金只係流年相遇，八字裏不見，故可知為陌生的政府官員；因八字有財生官、煞，故可知因財生事，且在戊寅、己卯月加重，至於是否過去式，即是否在己未年、甚至戊午年或以前即種因，則須詳細看，於此略之，由上分析即可總結為：因知己朋友連累，受政府武官欺負，事涉錢財。而由庚辰月引入庚申年的庚氣，開始受累，歷各流月，庚金都要算上去，即此身受累已定，剩下的是，再受官府調查或貴人相助，親人關心，或自己申辯或花錢消災，依各人命中變化而不同；本例數至丙申月，可知食神坐偏官，丙火用事，庚金受阻，丙火為食神，我之思想言行，本月乙木可暫時活過來，即因丙去庚之故；用神復活，即食神——我之言行，去做了一件重大的事，能與庚金——政府武官相抗，能理直氣壯，贏得勝算。而究竟其過程如何，須配合八字、大運看，結果如下：甲、乙木生丙火、丙火生戊土，戊土生辛金、生庚金，庚、辛金剋乙木，庚、辛金剋甲木，但有乙木先被剋，又月令丙火剋庚，簡單地說：即丙火受戊土之影響，須氣洩在庚、辛金，反傷甲、乙，此即事情之演變，為朋友之事，須與政府文、武官打交道——上法院作證，但因丙火月令已先剋去流年之庚金，阻其不敢侵害，故在心理已顯示：我沒罪，我不怕官員。月令丙火顯示：我之言行親自去做，即不去不行。又丙戌月後，再有一丁亥月，同欲去庚，在丙戌月時，丙辛合住命中之辛，傷庚就舉棋不定，丁月庚、辛皆傷，此事可知告一段落。當然須至年底，皆無庚金再臨。以上只論天干庚金之變化，逐月之地支都略言；又若乙木換一個字，就又天地之別，包君頭痛。至於申金的道理也是一樣，起於申月，終於寅月或巳、午月。因在寅月時，申金沖寅木，稍阻其前進，申金勝寅木之故，若甲寅年，則寅木起於寅月，至申月沖寅即止，或延至酉月。此即輕重之分，話說寅月一阻，事已起轉變，巳、午月去申金，結束前進，此即流年之逼進法。

又以上所述，只係單純之情形，若逢遇混合時，那才更複雜，願您莫打退堂鼓。試舉七十、七十一年為例：辛酉年辛卯月起辛金，至丙、丁月止，辛丑月再走一次，至壬戌年丙午月止；而壬戌年壬寅月起壬水，至戊、己月止，壬子月再走一次。由上可知在壬寅月至丙午月間，辛金必須介入，以例四：「財星見官牢獄之災」說明，命造寅、卯為喜用，在辛酉年丙申月後，寅、卯連傷，戌月制子水，流年困頓，心情不暢可知，為財煩憂，皆因流年財來惹禍，部屬不和，在壬寅月，偏官坐偏印，庚、辛加上流年的辛金生壬水剋丙，因財、部屬的關係，藉外來政府武官，乘我寅、卯受傷，孤苦無助時，侵害於我，大運戊土反生金助水剋丙，但因戊土亦剋壬，故壬寅月見官無礙，但至癸卯月則戊土無法牽制太多，壬、癸並肩齊入，此時因流年辛金尚進行，金生癸水，故戊癸合而不化，十七天牢獄之災遂難逃，因癸卯月之癸水在壬寅月癸未日引入癸氣，亦即並非驚蟄至清明，即在癸未日已催促牢獄之災，因大運戊土之食神，與之相抗，俟甲申日沖寅，乙酉日再沖卯時，身受拘禁之災。至癸卯日引入卯氣，沖去辛酉之酉金，寅、卯可暫時稍復原，但因酉金勢強，須至巳、午月方可完全去之，接甲辰月以後，再無傷害，主要係大運戊土之護身，命中寅、卯漸復活。

另外須注意的是，辛酉年及壬戌年，春、冬各走一次辛、壬，以辛金為例，辛卯月至丙申、丁酉月暫停，並非意謂戊戌、己亥、庚子月，辛金就不走，其實該三月仍要走，丙申、丁酉月只過是短暫停止，壬戌年亦同，這就是一年重覆兩次的特殊現象，十天干亦只有辛、壬年有此現象，這亦是為什麼例八，在壬戌年壬寅月養鰻魚，到了丁未月未引入戊氣，即戊申月剋壬，轉而想養狗之故，但因壬子尚會引進壬氣，故知其不會放棄養鰻事業，且會再充實知識，此印星知識之故，己酉、庚戌、辛亥月於酉金入氣時，重溫養鰻，以創前程，皆促成壬子月充實之原動力。至於地支，就比較單純，逢亥水，那麼立春以後漫長的九個月又如何呢?戊午月以前由壬水，戊土把持，己未沖、剋即止。但有些論點會令您覺得不可思議，如：癸亥年在癸亥月，引入癸水及庚月、辛酉、壬戌月，名之曰「轉換月」，並非三不管，而係須前後流年皆看，察其過去流年發生何事，月令如何，再細觀將來會有何變化，有無牽連，再加上大運、八字參看。亦即察看過去的變化，探求未來的吉凶，以作為論斷「轉換月」的依據，讀者觀看至此，想必有一個概念：批流年不簡單，難怪會頭痛、長白髮。此「轉換月」例子亦不少，如：庚申年甲申月後生病，在辛酉年癸巳、甲午、乙未月為轉換月，即病會稍轉好，但由於庚申、辛酉年皆為金年，其氣連貫，故知丙申月後，又會宿疾復發，其餘事情之判斷亦同，有時候看一個月須連看好幾個月，或前後幾年，流日亦同。

命、大運、流年

首先讀者須明瞭一件事，命者：八字，年、月、日、時等，一共八個字，（除了擇日外，是不必算到分。）與本身息息相關，八字為一體，無論其屬於喜神或忌神，它就是您自己；而大運、流年就等於是山路崎嶇不平或平坦大道。或謂：八字如同一個化學反應的方程式，程式固定，大運及流年就像反應進行的催化劑。亦即八字的每一樣喜忌神，所代表的人物、五行或其他，與您皆很熟悉，亦係您之所近，影響您一生處世、行為的基本要素。流年及大運只不過是外來因素，刺激您一生之變化，分彼分我，代入了六神：即官、殺、正偏印、比劫、食傷、財星等。即管我者、生我者父母長上、與我同等者兄弟朋友、我之思想行為、我之賴以養命者錢財、妻妾、父、部屬等。此為人生百態，捨此而求問於神煞，當然愈追愈遠。從而即知流年、大運為外來因素，佛教所說的：緣生緣滅。自然會常在人生旅程中，造成一幕又一幕不同的戲劇，代入六神自可洞悉天機。

又須明瞭：天干為外表、光亮的一面，即凡事都是顯露的，公開性的。地支為內在、臟腑，即凡事都是隱藏性的、私底下之行為、暗地的、不欲張揚的。以車禍為例：傷在天干喜用，或輾轉相剋，即是傷在皮膚表面，比較明顯之受傷、外傷。傷在地支喜用，或輾轉相剋，即是傷於筋骨或臟腑、比較看不見之內傷。財富也是一樣，八字有財為喜用，透出天干，代表為人較好面子、海派，即有錢恨不得天下人皆知道，喜歡炫耀一番。若藏在地支，則有錢不欲人知，處世投資寧願退居幕後股東，當然財富莫測高深。此係基本情形，詳細仍須配合制化而定。個性也是一樣，傷官代表有主見、有創新、個性強……若透出天干，且沒有受到剋住或引化，雖然有才華（假設為喜用），卻侵犯性強，善言辯，這些實例詳情請參閱中、下冊各章節。